図解&事例で学ぶ

新しいビジネスのルールとマナーの教科書

ビジネス戦略研究所 著

はじめに

同僚や取引先をはじめとする大勢の人間と良好な関係を築き、効率よく仕事を進めるために真っ先に覚えておくべきなのが、ビジネスのルールとマナーです。ビジネスのルールとマナーをしっかり身につけてはじめて、ビジネスパーソンとしてのスタートラインに立てるといってもいいでしょう。どんなに高い能力を持っていても、ルールとマナーを知らなければ仕事で活躍することはできません。ビジネスの常識を知らない人は一人前のビジネスパーソンとして認めてもらえませんし、周囲の信頼を得られないからです。

ビジネスの世界にはさまざまなルールとマナーがあります。たとえばはじめて会った仕事相手と名刺交換をするときでも、社内で新企画のプレゼンをするときでも、守らなければいけない決まりごとがあります。それを無視すれば、自分の評価は大きく下がりますし、トラブルも起きやすくなってしまいます。

これらのルールとマナーは普遍的なものではありません。時代の流れとともにビジネスの姿はどんどん変化しており、それにともなってルールやマナーも変わっています。新しく社会人になる人はもちろんですが、すでに仕事で活躍している人も、ぜひ本書で最新のルールとマナーを学んでください。

本書は次の7章で構成されています。

- 第1章……一人前になるためのビジネスマナーの基本
- 第2章……人間関係を円滑にする会話のマナー
- 第3章……仕事をスムーズに進めるオフィスのマナー
- 第4章……相手に好印象を与える社外・接客のマナー
- 第5章……利便性と安全性を両立！　IT機器利用のマナー
- 第6章……こんなときはどうすべき？ビジネスマナーケーススタディ
- 第7章……他業種の相手に特に有効！　一段階上のビジネスマナー

第1章では、社会人として最低限身につけておくべきビジネスマナーを解説します。身だしなみ、あいさつ、スケジューリング、席次など、基本中の基本といえる知識をまとめています。

第2章では、会話にスポットをあて、仕事相手と良好な関係を築くために欠かせないルールとマナーを解説します。いくつかの簡単な決まりごとを守るだけで、コミュニケーション能力は大きく向上します。

第3章では、上司や同僚の信頼を得て、チームとして仕事をするなかで欠かすことのできないルールとマナーを解説します。上司との付き合い方や飲み会でのふるまい方などの人付き合いに関することだけでなく、「報・連・相」の仕方や会議に参加する際の注意点など、日々の実務に関する内容も取り上げています。

第4章では、取引先や客との正しい接し方について解説します。社外の相手との接し方を間違えると会社の信用問題になることもあり、同僚や上司と話すときよりも一段階上のマナーが求められます。

第5章では、IT機器の使い方に関するルールとマナーを解説します。IT機器は現代のビジネスには欠かせないツールになっていますが、情報漏洩などのリスクもはらんでいます。いくつかのルールを守ることで、そのリスクを最小限におさえることができます。

第6章では、多くの人が経験する困難なシチュエーションを想定して、その対応を解説します。大きな失敗をしてしまったときや、客にクレームをつけられたとき、英語の電話がかかってきたときなど、汗が吹き出すような場面でも、守るべきルールとマナーがわかっていれば、落ち着いて対処し、乗り切ることができます。

第7章では、ワンランク上のビジネスマナーを身につけるために必要な考え方を解説します。基本的なルールとマナーをしっかり押さえた上で、状況や相手にあわせて柔軟に対応できるようになれば、業種を問わず、だれとでも気持ちよく仕事ができるようになるでしょう。

本書には、周囲と協調し、気持ちよく仕事に打ち込むための知識をつめこみました。本書を読んだあなたのビジネスライフがより充実したものになることを願っています。

目次

第4章 相手に好印象を与える社外・接客のマナー

第5章 利便性と安全性を両立！ IT機器・サービス利用のマナー……155

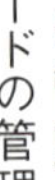

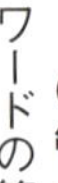

第6章 こんなときはどうすべき？ ビジネスマナーケーススタディ……179

第7章 他業種の相手に特に有効！一段階上のビジネスマナー …… 205

第１章

一人前になるための
ビジネスマナーの基本

1-01

なぜビジネスマナーが必要なのか

マナーを身につけるメリット

▼ビジネスマナーの重要性

ビジネスマナーは、良好な人間関係を築いて仕事を円滑に進め、まわりの人たちに自分の実力を正当に評価してもらうために必要なものです。ビジネスマナーがしっかり身についている人は、相手に好印象を持たれやすく、「しっかりした人」「仕事ができる人」と見られやすくなります。

反対に、ビジネスマナーが身についていない人は、「だらしないやつ」とか「常識を知らないやつ」と思われ、仕事の実力も過小評価されやすくなってしまいます。

トラブルを防ぐという意味でもビジネスマナーは重要です。人間関係のマナーが身についていないと、知らず知らずのうちに無礼な態度をとって取引先の部長を激怒させてしまうかもしれませんし、セキュリティに関するマナーがいい加減だと、自社の機密データを流出させてしまうかもしれないのです。**ビジネスマナーを身につけることは、仕事で活躍するための基本といえます。**

マナーのよい人と悪い人

マナーがよい人

だれにでも
好かれる

ミスが減る

出世しやすい

人脈が
広がる

職場を
明るくする

一人前のビジネスパーソンとして認められやすい

マナーが悪い人

ミスが増える

嫌われやすい

出世しにくい

会社の評判
を落とす

周囲の空気
を悪くする

一人前のビジネスパーソンとして認められない…

1-02

マナーのよい身だしなみとは?

第一印象の重要性

▼清潔感がなにより大切

ビジネスにおいて、第一印象はとても大切です。第一印象がよければ、相手との関係をスムーズに築けますが、第一印象が悪く、「この人とちゃんと仕事ができるのかな?」なんて思われてしまうと、相手の警戒心を解いて信頼を得るのは大変です。

身だしなみに関して一番気をつけたいのは清潔感のある格好です。どんなにいいスーツを着ていても、肩にフケが落ちていたら印象は最悪です。スーツをこまめにクリーニングに出すなど、毎日きちんとした格好で出勤することを心がけましょう。

また、管理職と一般社員とでは適切な服装も変わります。役職についたら、一目で安物とわかる服やアクセサリーは避けて、それなりの格好をしなくてはいけません。スーツの価格でいえば、新人は3万円、主任クラスは5万円、管理職なら10万円くらいが目安です。

職種や会社によっても服装のマナーは異なるので、その辺は上司や同僚の格好を参考にしましょう。

身だしなみの注意点

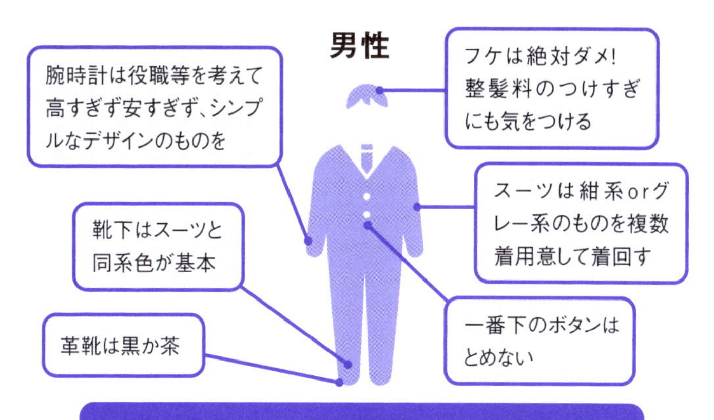

清潔感のある格好を心がけることが大事

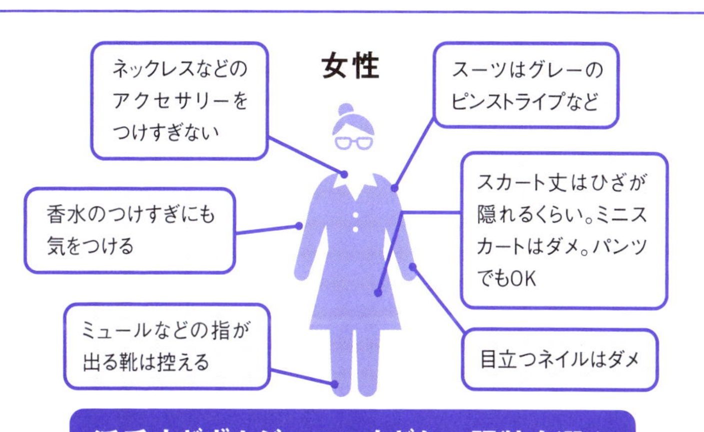

女性
ネックレスなどのアクセサリーをつけすぎない
スーツはグレーのピンストライプなど
香水のつけすぎにも気をつける
スカート丈はひざが隠れるくらい。ミニスカートはダメ。パンツでもOK
ミュールなどの指が出る靴は控える
目立つネイルはダメ

派手すぎずカジュアルすぎない服装を選ぶ

1-03

気持ちのよいあいさつで一日を始めよう

何事もスタートが肝心

▼相手の目を見て明るい声で

あいさつは、良好な人間関係を築くための必須事項といってもいいでしょう。出勤して、上司や同僚とはじめて顔をあわせたとき、外出するとき、退社するときなど、あいさつをする場面は一日のうちに何度もあります。毎日のことなのでおざなりになりやすいですが、手を抜いてはいけません。しっかりとあいさつをすることは、気持ちよく仕事をするためのビジネスマナーのひとつです。

あいさつは、相手の目を見ながら、笑顔を作り、明るい声で行うのが基本です。目線と笑顔と明るい声の3点がそろっていれば、相手に悪い印象を持たれることはまずありません。

また、**「田中さん、おはようございます」というように、相手の名前を呼んでからあいさつをするとより印象がよくなります**。

あいさつのあとにちょっとした一言を加えるのもおすすめです。たとえば「おはよう」のあとに「今日はあたたかいね」などと付け加える感じです。

あいさつの基本

気持ちのよいあいさつをするためのポイント

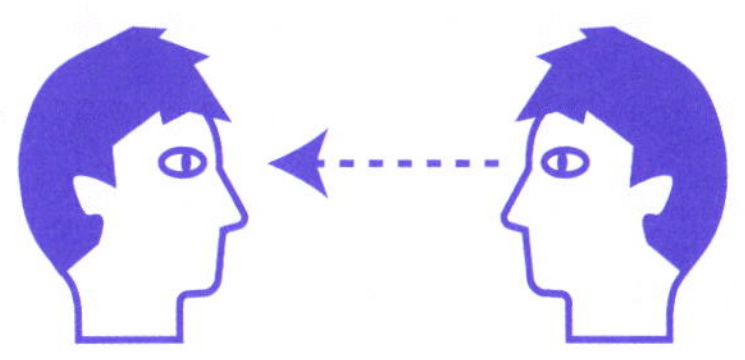

相手の目を見る

笑顔を作る　　明るく元気よく

相手の名前やちょっとした会話を加えるともっと印象がよくなる!

相手の名前を呼んであいさつをしたあと、ちょっとした会話を交わせばベスト。ただし、長話は相手の迷惑になるので控えよう。

1-04

「明るく」「前向き」を心がけよう

笑顔を増やす心がけ

▼ポジティブ思考で働く

暗い顔で働いていると、周囲の人に余計な心配をかけたり、職場のムードが悪くなったりしてしまいます。職場では、いつも明るく前向きな気持ちでいるように心がけましょう。一番簡単なのは、笑顔を増やすことです。**ニコニコしている人は好かれやすく、場の雰囲気もよくなります**。

ただし、新入社員の場合は、ヘラヘラしているととられる可能性もあるので、笑顔を見せるタイミングは間違えないようにしてください。

また、仕事の愚痴や上司の悪口は、心を許せる仲間との酒の席くらいにとどめて、普段はなるべく控えましょう。ネガティブな発言をすると気持ちがどんどん後ろ向きになっていきます。

もちろん、自分の性格もありますから、無理に明るく振る舞う必要はありませんが、自分の言動でチームの空気を悪くすることのないように気をつけましょう。

明るく前向きに働くための心がけ

笑顔を増やす

笑顔を見せることに慣れていない人は、職場だけでなく、普段から笑顔を増やすように意識するとよい。自然な笑顔が作れているか、鏡の前で確認してみるのも有効。

愚痴や悪口は控える

愚痴や悪口ばかりいう人は信頼されないし、ネガティブな発言をしても事態はよくならない。一見、ネガティブに見える物事でも、前向きに捉えることができないか考える。

主体的に取り組む

やらされる仕事は面白くない。上司や先輩の指示はもちろん守らなければならないが、よりよいやり方を模索するなど、自分から主体的に仕事に取り組むことが大切。

ストレスはしっかり発散

ストレスがたまっていると明るい気持ちになれない。愚痴を聞いてくれる友だちと食事したり、ストレスを発散できる趣味を見つけたりすることも、明るく働くために欠かせない。

1-05 スケジューリングの能力を高めよう

スケジューリングのコツ

▼自分なりのスケジューリング方法を見つける

自分のスケジュールをきちんと管理することは社会人の基本であり、ビジネスマナーのひとつといえるでしょう。スケジュール管理ができていないと、仕事の質が低下したり、期日までに仕事を終わらせられなかったりして、他人に迷惑をかけることになります。

スケジューリングの基本は、タスクに優先順位を設定して、それぞれにかける時間を決めることです。スマートフォンのアプリを使っても手帳を使ってもかまいませんが、なるべく早く、自分にあったスケジューリング方法を見つけましょう。

スケジュール管理能力を高めるためには、ひとつの仕事にどれくらい時間がかかるかを正確に判断する能力が必要です。これは、仕事の経験を積むことで自然と鍛えられます。とはいっても、仕事というのはなかなか予想通りに進まないものです。ギリギリのスケジュールでは、予想外のことが起こったときに対応できなくなるので、最悪のパターンも想定して、なるべく余裕のあるスケジュールを組むようにしましょう。

スケジューリングのポイント

いろいろな方法を試す

手帳を使う、ノートを使う、スマートフォンのタスク管理アプリを使うなど、いろいろなやり方を試してみると、自分にあったスケジューリング方法がわかってくる。

最悪の事態を想定する

仕事にトラブルはつきもの。予定通りに物事が進まない場合でも対応できるように、余裕のあるスケジュールを組む。また、予定を前倒しで進める習慣をつける。

予定が狂ったらすぐリスケ

スケジュールが破綻した場合は、なるべく早い段階で予定を組み直す。また、予定が狂った原因とその改善策を考え、今後のスケジューリングにいかすことも忘れずに。

経験を積む

いろいろな種類の仕事をして経験が増えれば増えるほど、ひとつのタスクにかかる時間が正確に判断できるようになり、効率的なスケジュールが組めるようになる。

スケジューリング能力が上がれば仕事の成果もアップする!

1-06

携帯電話は時と場合をわきまえて使う

携帯電話利用のマナー

▼携帯電話には気軽に連絡しない

携帯電話はビジネスパーソンの必須ツールのひとつといえますが、もちろん携帯電話の使い方にもマナーがあります。

たとえば会議や打ち合わせの途中に着信があり、小声で電話に出る人もいますが、あまりいい印象を与えません。事前に電源を切るなり、マナーモードにするなりしておくのが基本です。

また、会議中や、だれかと会話をしているときにスマートフォンをいじるのも、失礼な印象を与えます。ネット検索などをしたい場合は、「ちょっと○○について調べてみますね」とか「ごめん、ちょっとメールチェックさせて」などと一言かけましょう。

電話番号の扱いにも注意が必要です。仕事相手に上司や同僚の携帯番号を勝手に教えるのは基本的にはＮＧです。「○○さんの携帯番号を教えてくれませんか？」といわれたら、「それでは本人の方から連絡させましょうか？」などと対応しましょう。

携帯電話を利用する際の注意点

取引先への連絡は緊急のときだけ

仕事相手の携帯電話に連絡をするのは、緊急の場合だけ。ささいな確認などのために携帯電話に連絡すると、相手の迷惑になる。

打ち合わせ中に電話に出ない

仕事の話をしているときに携帯電話の着信をとるのは好ましくない。無視できない重要な着信の場合は、目の前の相手に一言断ってから電話に出る。

上司や同僚の番号を勝手に教えない

携帯番号やメールアドレスは大事な個人情報。本人の了承なしに他人に教えるのはトラブルのもと。やむをえず教えてしまった場合は本人に必ず伝える。

紛失に注意

携帯電話には仕事相手の携帯番号やメールアドレスがつまっている。携帯電話を紛失すると、それらの個人情報が流出するおそれがある。

プライベートのときと
同じ感覚で使ってはダメ!

1-07

食事のときも他人の目を気にしよう

食事をするときの注意点

▼箸の使い方のタブー

食事をする際にもその人のマナーがあらわれます。食事のマナーとしてよく知られているのは、箸の使い方です。迷い箸、移り箸、寄せ箸、探り箸など、マナー違反とされる箸の使い方をしないように気をつけましょう。

他人の箸の使い方なんて別に気にならない、という人も多いですが、気にする人もたくさんいます。お互いに気持ちよく食事するためにも、どんな使い方がマナー違反なのかは知っておかなくてはいけません。**大事な食事の席で箸の使い方を間違って印象を悪くしないように、日頃から正しい箸の使い方を心がけましょう**。

また、だれかと食事をすると会話も弾むものですが、おしゃべりに夢中になって、食べ物を口にいっぱい入れたまま話すのはマナー違反です。他には、オフィスでランチをするような場合や、人と会う予定がある際に匂いのきついものは控えるとか、音を立ててものを食べないといったことも、マナーの基本中の基本です。

箸の使い方のおもなタブー

迷い箸

どれに手をつけようか迷って、箸がいったりきたりする

移り箸

いったん箸をつけた料理をとらずにほかの料理に移る

寄せ箸

箸を使って器を自分の近くに引き寄せる

探り箸

盛りつけの底の方から探って食べ物をとり出す

ねぶり箸

箸についている米粒や汁などをなめとる

刺し箸

箸を食べ物につき刺して、口に運ぶ

指し箸

箸の先を人や物に向けて指し示す

仏箸

箸をご飯につき立てる。立て箸ともいう

持ち箸

箸を持ったまま、同じ手で他の食器を持つ

箸渡し

箸と箸で食べ物の受け渡しをする

1-08

無意識にやっている悪癖をチェック！

悪癖は自分では気づきにくい

▼他人の癖はけっこう気になるもの

だれにでも癖というものがありますが、何気なくやっている習慣的なしぐさが、マナーのよくない悪癖だった場合、一刻も早く直したいものです。

たとえば、貧乏ゆすりやペンまわしなどは、オフィスでは控えるべきでしょう。本人はなんとも思っていなくても、貧乏ゆすりやペン回しをしている人がいると気になるものです。また、ボールペンのボタンを意味なく何度もカチカチ鳴らす、というのも、よくある悪癖といえるでしょう。爪を噛むのも印象がよくありません。

自宅なら問題ないのですが、オフィスでは他人の邪魔にならないよう、悪癖をなくすことも大切です。

このようなちょっとした悪癖は、無意識のうちに行っていることが多く、自分では意外と気がつかないものですが、他人がやっているのを見ると、けっこう気になるものです。**自分に悪癖がないかどうか、だれかに聞いてみるのもいいでしょう。**

悪癖をチェックして改善しよう

相手に悪い印象を与えやすい悪癖の例	
貧乏ゆすり	キーボードを強く叩く
爪を噛む	指で机をトントン叩く
舌打ち	ガムをクチャクチャ噛む
ペン回し	ペンをカチカチ鳴らす
道に唾を吐く	指をポキポキ鳴らす
指をなめて資料をめくる	大きな音を出して鼻をかむ

悪癖は自分では意外と気づかない
知り合いにチェックしてもらうのが有効

1-09

役職の序列と役割を知っておこう

役職の基礎知識

▼役職の理解は必須

社長、部長、課長、係長、主任など、会社には、たくさんの役職があります。当然ながらそれぞれの役職には役割があり、序列も決まっています。**会社が役職を設けるのは、命令系統や責任の範囲を明確にして、作業効率をあげるためです**。社内に役職の意味を理解していない社員がいると、業務に支障をきたします。

それぞれの役職について理解することは、円滑な人間関係を築く上でも大切です。序列が高い役職の相手にはそれなりの態度で接しなくてはいけませんし、席次などを決める際も役職が大きく影響します。相手の役職を間違えて呼んだりすると非常に失礼です。

一般的な会社に多いおもな役職として挙げられるのは、会長、社長、副社長、専務、常務、部長、次長、課長、係長、主任くらいでしょうか。これらの役職の役割と序列は必ず覚えておきましょう。また、外資系企業などでは、ＣＥＯやＣＯＯなど、国内企業とは異なる役職が設けられています。

おもな役職の序列と役割

（上 ↑ 序列 ↓ 下）

国内企業の役職	
会長	取締役会の長。名誉職の場合もある
社長	会社のトップ。代表権を持つ
副社長	社長に次ぐ役職。社長を補佐する
専務	会社の経営を管理する
常務	日常業務を総合的に管理する
部長	特定部門を総括する責任者
次長	部内の運営実務を担い、部長を補佐する
課長	特定の課の長。課をまとめる
係長	現場を監督する
主任	グループのリーダー的役割を担う

（上 ↑ 序列 ↓ 下）

外資系企業の役職	
CEO	最高経営責任者。会長や社長にあたる
COO	最高執行責任者。副社長にあたる
CFO	最高財務責任者。ファイナンス面の長
ディレクター	部長や次長にあたる
シニアマネージャー	次長や課長にあたる
アソシエイト	課長や係長にあたる

1-10

席次の基本を押さえておこう

座る場所には意味がある

▼入り口から遠い方が上座

席次はビジネスパーソンとして必ず知っておきたい知識のひとつといえます。食事の席でも、タクシーなどでも、だれがどこに座るか、というのは意外と大事な問題です。上司や取引先と一緒に食事をするような場合に、当たり前のように自分が上座に座ったりしたら、常識のない無礼なやつだと思われてしまいます。

応接室やレストランなどでは、基本的に入り口からもっとも遠い位置が上座、つまり一番いい席になります。また、タクシーでは、運転手の後ろが上座、助手席が下座ですが、タクシーではなく自分が運転する場合などは助手席が上座です。

新幹線の席やエレベーター内での立ち位置にも上座、下座があります。新幹線では通路から遠い後ろの席が上座で、エレベーターは入り口から見て左奥が上座です。

上座・下座の基本をふまえつつ、冷暖房の向きや部屋の構造なども考慮して、一番格上の人は一番いい席に座ってもらいましょう。

状況別の席次の基本

応接室

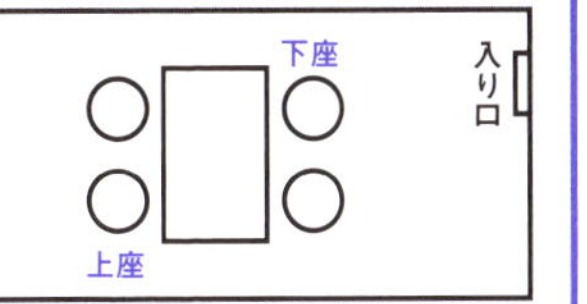

入り口から近い方が下座、遠い方が上座になる。

レストラン

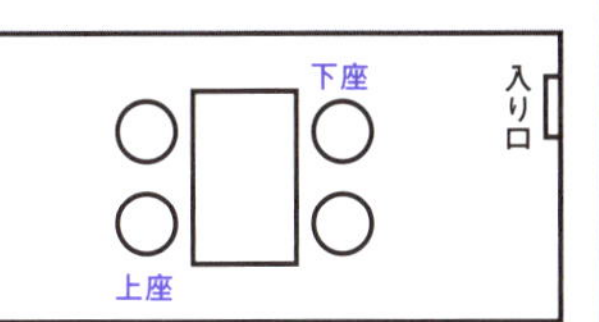

入り口から遠い方が上座。一番景色のよい席を上座とする場合も。

タクシー

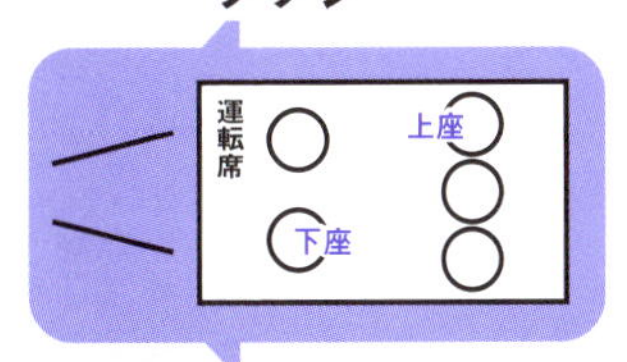

タクシーは運転席の後ろが上座。助手席は下座。

自家用車

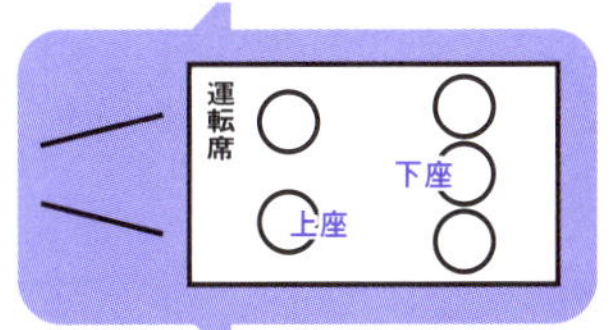

タクシーではなくメンバーが運転する車では助手席が上座になる。

新幹線

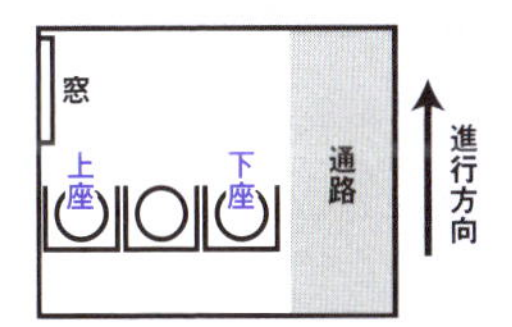

ゆっくり景色を眺められる窓側が上座で、通路側が下座。

エレベーター

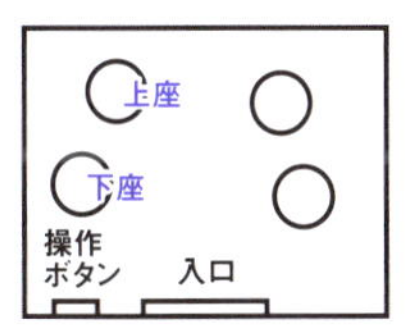

向かって左奥が上座。操作ボタンのそばが下座。

1-11 結婚式に参加するときの注意点は？

結婚式のマナー

▼招待状の返し方や祝儀の相場を押さえておく

社会に出ると結婚式や葬式などに参加する機会も増えますが、**冠婚葬祭には暗黙の決まりごとが多いので注意しなくてはなりません**。

たとえば結婚式の招待状が届いたら、まずはできるだけ早く返信するのが礼儀です。もちろん服装も大切です。結婚式では、男性は黒のスーツに白のシャツとネクタイ、黒い革靴が定番です。女性の場合は服装の選択肢がいろいろありますが、白いドレスや露出の多い格好はＮＧとされています。おめでたい席に地味すぎるのもよろしくないので、適度に華やかな服装をこころがけましょう。

また、祝儀の金額も多くの人が悩むポイントです。仕事関係の相手の場合、３万円の祝儀を渡すのが一般的です。もちろん、自分の立場や相手との関係性によっては、もっと多く包んだ方がいい場合もあります。自分が役職についていて、関係性の深い部下の結婚式に参加する場合などは、5～10万円が祝儀の目安といえるでしょう。

招待状の返事の書き方

出席する場合

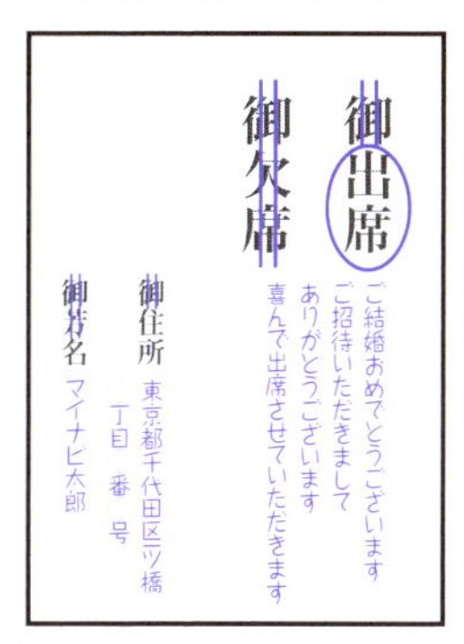

「御」や「芳」の文字を二重線で消し、「出席」に◯をつけて、祝福のメッセージを添える。メッセージには句読点を使わないのがマナー。

欠席する場合

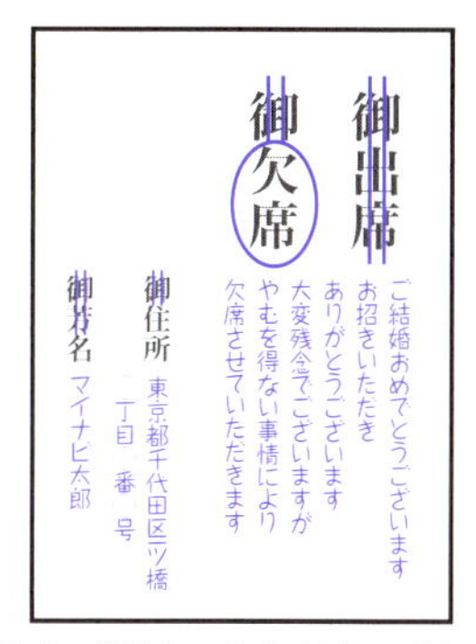

「御」や「芳」の文字を消し、「欠席」に◯をつけて、お詫びの言葉を添える。弔事や病気で欠席する場合、欠席理由は具体的に書かずにぼかす。

表面も忘れずに書き換える

表面は、宛名のあとについている「行」を二重線で消して、代わりに「様」と書く。裏面だけ書いて投函してしまわないように注意。

当日の予定がわからない場合は?

その時点で当日の予定がわからない場合は、その旨を新郎新婦に伝えましょう。予定がわからないからといって何も連絡せずにいると、新郎新婦に迷惑をかけてしまいます。

1-12

立食パーティでの心得とは？

食事の場ではなく交流の場

▼**食事は二の次**

立食パーティは、入社間もない新人が、ビジネスマナーを知らないために恥ずかしい思いをしてしまいがちな場面のひとつです。おいしそうな料理を目の前にして気分が高揚し、料理を山盛りにした皿を両手に持ちながら他の参加者と談笑している……なんていう行動は、ビジネスパーソンとしてちょっと問題です。

立食パーティは、多くの人と知り合うチャンスです。**食事ではなく交流を目的にし、普段より多めに名刺を用意して、他の参加者と積極的に話しかけましょう。**

また、取り皿は一回一枚、一皿に乗せる料理は2つか3つにしておくのがマナーです。皿を持っているときに話しかけられた場合は、いったん近くのテーブルに皿を置いて会話をしましょう。

どうしても料理が気になって会話に集中できないという人は、パーティの前にあらかじめ軽く食事をしてから参加するのもひとつの手です。

立食パーティに参加する際のポイント

食事ではなく交流に力を入れる

食事に夢中にならない

立食パーティは、食事をしながら交流を楽しむ場所。お腹をふくらませにいく場所ではない。

取り皿は一枚ずつ

取り皿を何枚も持って料理をとるのはマナー違反。一枚のお皿に2、3品ずつとるのが正解。

だれとも話さない

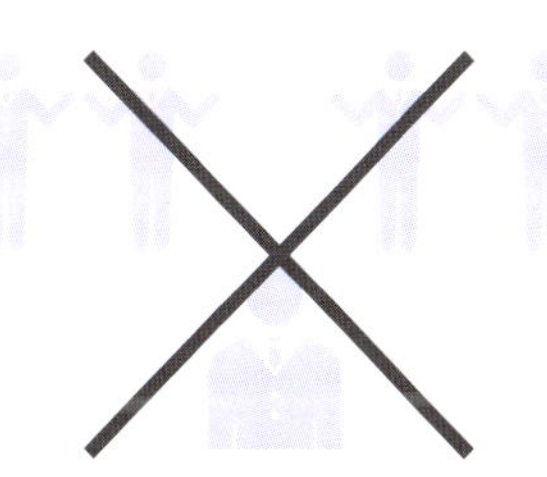

人見知りだからといって、だれとも話さないのは印象が悪い。会社の代表として見られていることを忘れずに。

皿を持ったまま話さない

だれかに話しかけられたら、近くのテーブルに皿を置いてから対応する。皿を持ったまま話さないように。

1-13 食事の会計をスムーズにすませるコツ

会計の基本ルール

▼相手の手元を見ない

仕事仲間と食事をしたときに気をつけたいのが、会計時のふるまいです。食事の料金は、目上の人、もしくは食事に誘った方が払う場合があるかもしれません。しかし、**自分が目下、もしくは誘われた側だった場合でも、一応財布を出して支払う姿勢を示すのが礼儀です**。また、会計中は相手の手元をあまり見ないようにしましょう。財布を覗いていると勘ぐられるかもしれません。もちろん会計が終わったら相手にしっかりお礼をいいましょう。

同僚たちと食事にいった場合は、ワリカンにするのが一般的です。レジでみんなからお金を集めていると迷惑なので、お金は先に集めておいた方がいいでしょう。料金はみんな均等に支払うべきですが、かといって1円単位まで細かく徴収するのはやりすぎです。場の空気にあわせて柔軟に対応しましょう。

また、お金に関することは、きっちりしておかないと思わぬトラブルにつながります。会社の経費にならない場合でも、領収書は必ずもらっておきましょう。

会計時の注意点

お金に関することはトラブルになりやすい

相手の手元を見ない

レジ付近で会計時のやりとりをぼんやり眺めていると、財布の中身を見ようとしていると勘違いされる可能性があるので注意。

お礼をいう

ごちそうしてもらってお礼をいわないのはマナー以前の問題。毎日のようにおごってもらっていたとしても、毎回しっかりとお礼をいおう。

1円単位でワリカンをする

1円単位まできっちりしたワリカンを求めなくてもいい。ただし先輩や上司が1円単位でのワリカンを求めたら、黙ってしたがうのが無難。

領収書をもらう

別に必要ないと思っても、領収書は一応もらっておこう。万が一、金銭トラブルになった場合、領収書が大きな証拠になる。

1-14

弔事ではどう振る舞うのが正解？

弔事のマナー

▼厳かに故人を見送る

弔事には一般的に、通夜、葬儀、告別式の3つがあります。通夜は親族や親しい人が故人をしのぶ場で、葬儀は故人を送る儀式、告別式は故人に別れを告げるためのものです。最近は葬儀と告別式は一緒に行うのが一般的です。

仕事関係の相手の弔事が行われる場合、まずは上司に報告して、出席するかどうかを決めます。**会社の代表として参加することになるので、だれの弔事であっても、出席・欠席を独断で判断するのは避けましょう。**

弔事に出席する際の服装は喪服が基本ですが、通夜の場合は、地味な格好であれば平服でも問題ありません。

弔事の最中は、厳かな雰囲気を壊さないように注意しましょう。仲のいい知り合いを見つけて、故人と関係ない話をぺちゃくちゃ話し、大声で笑う、などというのは論外です。

なお、弔事のマナーは故人の宗教によっても異なるので、必ず事前に確認しましょう。

弔事に参加する際の注意点

出席するかどうかを上司に相談する

弔事に出席するかどうか、また、通夜と葬儀・告別式に出るのか、葬儀・告別式だけ出るのかといったことは、ひとりで勝手に決めず、上司と相談して決める。

香典の準備

香典の金額は、20代〜30代なら、5000円が大体の目安。香典の表書きは宗教によって書き方が変わるが、「御霊前」はどの宗教でも使える。

服装の準備

基本は喪服。通夜の場合は訃報を聞いてかけつける人が多いため、平服でも許される。平服で出席する場合はなるべく地味な格好にする。

弔事の最中は静かに過ごす

出席者の悲しみに水をさす言動は慎む。口数は少なめにし、故人と関係のない話はしない。亡くなった原因を遺族に聞くのもNG。

1-15

お中元は関西・関東で時期が違う

お中元・お歳暮の贈り方

▼金額の目安は3000～5000円

お中元・お歳暮は、日ごろの感謝を込めて、仕事でお世話になった相手や取引先に贈るものです。会社として贈ることが多いので、個人的に贈りたい人がいる場合は、必ず上司と相談してから贈りましょう。

お中元・お歳暮を贈る際には、まず時期を間違えないことが大事です。**お中元は、関東なら7月初旬～15日、関西なら7月下旬～8月15日、お歳暮は12月初旬～20日に贈るのが一般的です**。遅れた場合は、「暑中御見舞い」「残暑御見舞い」や「御年賀」「寒中見舞い」として贈ります。品物は、職場のみんなで簡単につまめるような食べ物が定番です。金額の相場は3000～5000円です。

なお、お中元・お歳暮をはじめとする贈答品の受け渡しを禁止している会社も少なくありません。そういう会社にお中元・お歳暮を贈ると迷惑になるので、事前に確認しておきましょう。

お中元・お歳暮を送るときのポイント

品物は上司と相談して決めよう

会社として送る

お中元・お歳暮は、会社として贈るのが一般的。まずは、贈っても問題がないか、贈る場合は何を贈るかを上司と相談する。

時期を間違えない

お中元は関西と関東で時期がずれるため注意が必要。間に合わない場合は、「暑中御見舞い」「御年賀」などに名目を変える。

品物をよく選ぶ

食べ物が定番だが、人によって好き嫌いがあるものや、日持ちしないものは避ける。相手の好きな食べ物がわかっていれば参考になる。

今後も付き合いがあるか

お中元・お歳暮は、今後も付き合いがある相手に贈るもの。今後の付き合いがない相手には、「御礼」として贈る。

受け取らない会社もある

コンプライアンスの観点から、贈答品を受け取りを禁止している会社もある。特に大企業は贈答禁止の場合が多いので、贈る前に確認しておく。

1-16

日頃から情報収集を心がけよう

日々のニュースはしっかりチェック

▼目的意識を持って情報を集める

世の中の出来事や流行に敏感になり、新しい情報をどんどん仕入れることも大事なビジネスマナーのひとつです。自分のなかにたくさんの情報があれば、仕事のアイデアも出やすくなりますし、仕事相手との会話にも使えます。

情報収集の手段としてよく利用されるメディアは、新聞、書籍、インターネットです。これらのメディアから日常的にチェックすることが情報収集の基本といえますが、それだけでなく、人との会話を増やすことも大切です。人との会話は、新聞、書籍、インターネットでは得られない有益な情報を得られる可能性があります。

また、情報収集の効率を上げるために、**自分にはどんな情報が必要なのか、そして、なぜ必要なのかをよく考えましょう**。情報収集の目的が曖昧だと、何十冊もの本を読んだとしてもすぐに忘れてしまいます。しかし目的意識が明確なら、友だちとのたわいのない会話から仕事の大きなヒントを得ることもできます。

情報収集の手段と特徴

複数の手段を使い分けて情報を集めよう

新聞

情報源がたしかで、信頼度が高い。世の中の出来事や動向をチェックすることができる。

書籍

信頼度の高い情報が得られる。特定分野の情報をまとめて集めたいときに便利。

インターネット

さまざまなジャンルの情報を浅く広く集めるのに最適。無料ですぐに情報を得られるのもメリット。

人との会話

他の手段と比べて時間はかかるが、新しいアイデアや仕事のヒントになる価値ある情報が得られる。

1-17

自分の体をいたわるのも大事なマナー

体調管理の大切さを知ろう

▼普段から体調に気を使う

体調を万全に保っていい仕事をするためには、健康管理が欠かせません。体調管理はとても基本的なことですが、意外と難しいものです。忙しくなると睡眠時間が少なくなりがちですし、食事の栄養バランスを考える余裕もなくなります。しかし、自分が体調を崩したら、職場の仲間たちにも迷惑がかかります。自分のためだけでなく、みんなのためにも、日頃から健康的な生活を心がけましょう。

体調管理で大切なのは、十分な睡眠時間と、栄養バランスのいい食事、そして適度な運動です。また、ストレス発散も忘れてはいけません。体が健康でも心が弱っていたら、元気に働くことはできません。

万が一、風邪などにかかって体調を崩してしまったら、会社を休んで、回復に全力を尽くしましょう。風邪をひいたら無理して出社しないというのも、会社に迷惑をかけないためのマナーです。

健康維持のポイント

十分な睡眠時間

睡眠時間の確保はとても重要だが、非常に難しいポイントでもある。睡眠が足りていないと感じたら、帰宅後すぐベッドに直行するくらいの気持ちを持とう。

栄養バランスのとれた食事

ひとり暮らしで、料理があまりできない場合、どうしても栄養バランスが偏りがち。外食したり、コンビニ弁当を買ったりするときにサラダをつけるなど、できることからはじめよう。

適度な運動

散歩をしたり、ジムに通ったり、ほどよく体を動かすと体の調子がよくなる。日々の業務で十分体を動かしている場合は、むしろ体を休めることに力を入れよう。

ストレス発散

没頭できる趣味を見つけたり、仲のいい友だちと会う機会を増やしたりするのが効果的。ストレスがしっかり発散できていると、仕事にも前向きに取り組めるようになる。

1-18

喫煙のルールとマナーを守ろう

喫煙者のマナー

▼タバコの煙は大きな迷惑

職場での喫煙するときは、周りに迷惑がかからないように十分注意しましょう。タバコを吸わない人によって、タバコの煙や匂いはとても気になるものです。

職場で吸うときは、指定の喫煙所に移動してから吸うケースが多いと思いますが、タバコ休憩の頻度と時間が多くならないように注意しましょう。何度も喫煙にいくと、仕事をサボっているとか、やる気がないと思われます。

また、**取引先の相手など打ち合わせをしたり食事をしたりする場合は、基本的にタバコは吸わないのがマナーです**。相手にタバコをすすめられても、相手が吸わないなら断らなくてはいけません。

また、外での喫煙は、灰皿が用意されている喫煙スペース以外では控えましょう。携帯灰皿を用意していても、道端でタバコを吸っている姿は印象が悪く、会社の評判を落とすことにつながりかねません。

仕事中に喫煙する際の注意点

場所と状況をよく考えて喫煙しよう

指定の場所で吸う

社内・社外にかかわらず、喫煙が許されていない場所で吸うのは論外。基本的に、灰皿が用意されていない場所は喫煙NGと考えよう。

頻繁にタバコ休憩をとらない

タバコを吸うために何度も席を外したり、喫煙室でおしゃべりをしてタバコ休憩が長くなったりしないように気をつけよう。

打ち合わせ中は喫煙しない

目の前に灰皿があったとしても、打ち合わせ中はタバコを吸わないのがマナー。休憩に入るか打ち合わせが終わるまで我慢しよう。

体についた匂いをケアする

体についたタバコの匂いは相手に不快感を与える。人に会うときは、口臭を含め、匂い対策をしっかり行っておこう。

コラム

形式上のルールを守るより相手を気遣うことが大切

ビジネスマナーというと、名刺交換の作法や席次など、覚えることが多くて堅苦しいイメージがあるかもしれませんが、本当に大事なのは形式的な決まりごとを覚えることではありません。相手を思いやること、そして仕事を効率よく進めることがビジネスマナーの本質です。その本質さえわかっていれば、必ずしも形式的なビジネスマナーを守る必要はないのです。

こんな話をご存知でしょうか。とある女王が他国からの来賓と食事をした際、フィンガーボールが手を洗うものだとしらなかった来賓が、フィンガーボールの水を飲んでしまいました。それを見た女王は、自分もフィンガーボールの水を飲みました。

フィンガーボールの水を飲むのはマナーに反する行為ですが、女王は、恥を欠かせないためにあえてマナーを無視したのです。形式的なマナーを重んじて、来賓にフィンガーボールの使い方を教えたり、自分だけフィンガーボールで手を洗ったりすれば、相手の面子は潰れてしまいます。

女王のように、相手にあわせて臨機応変な対応ができるビジネスパーソンを目指しましょう。

第2章

人間関係を円滑にする会話のマナー

2-01

あいづちをうちながら話を聞こう

話を引き出すテクニック

▼うなずきとあいづちを覚える

他人とコミュニケーションをとる際に、もっとも大事なマナーは、しっかり話を聞くということです。相手の話を聞くことが下手な人は、自己中心的なイメージを持たれますし、コミュニケーション能力もなかなか向上しません。話下手な人ほど、何を話すか、どう伝えるか、といったことに気をとられがちですが、まずは聞き上手を目指すことが、会話の達人になるための第一歩です。

聞き上手になるためにまず覚えたいテクニックは、うなずきとあいづちです。うなずきやあいづちによって、ちゃんと話を聞いていることを相手に伝えるのです。同じあいづちばかりだと適当に聞いている感じになるので、複数のあいづちを使い分けましょう。相手の発言を繰り返したり、要点をまとめたりするのも効果的です。

話をきちんと聞いていることが伝われば、相手も真剣に話してくれるようになり、よりよい会話ができるようになります。

あいづちのパターン

単調なあいづちを繰り返さないように!

肯定

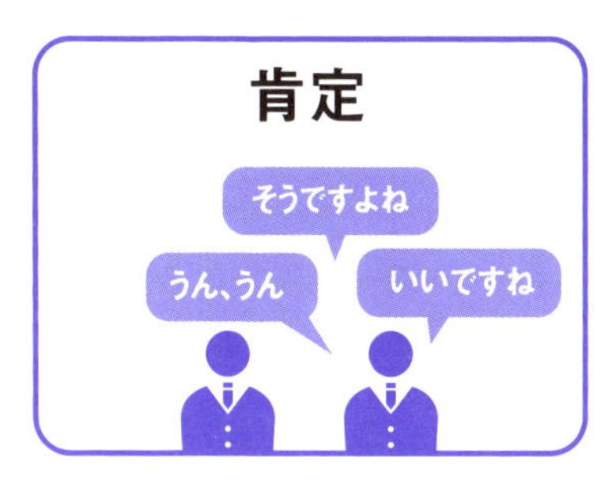

興味

感心

共感

驚き

繰り返し

2-02

相手の気持ちを考えながら話を聞く

聞き上手になるコツ

▼話したいことを聞いてあげる

相手の話を聞いているときは、相手が何を話したがっているのかをよく考えましょう。これは特に雑談の際に気をつけたいポイントです。共感してほしいのか、特に何も考えていないのか、人が話をするときにはいろいろな目的がありますが、**相手の気持ちを考えることで、相手の話したいことをちゃんと聞くことができるようになり、よりよい関係を築きやすくなります**。

たとえば、相手がもっと話したがっていると感じたら、「それでそれで?」という感じでどんどん話を聞きましょう。間を埋めるために適当に話しているだけだと感じたら、自分からも話題を提供する、という感じです。

相手がもっと話したがっていることに気づかず話題を変えてしまったり、相手が話を切り上げたがっていることに気づかず「それでそれで?」と話を続けさせてしまうようでは、聞き上手とはいえません。

相手が何を話したいかを考える

相手の気持ちを考えずに話を聞いていると…

ちょっと聞いてよ、昨日、部長に
誘われてゴルフにいったんだけどさ～

え? いや、わからないけど…

なんか話しづらく
なっちゃったな…

えー、本当? なんで僕は
誘われなかったんだろう?

もしかして僕、
嫌われてるのかな…?

相手は話したいことをすべて話せない

相手の気持ちを考えながら話を聞くと…

**相手は話したいことをすべて話すことができ
ふたりの関係がさらによくなる**

2-03

好印象を与える話し方とは？

印象のいい話し方

▼同じことを話しても印象が違う

話している内容が同じでも、話し方によって印象は大きく変わります。仕事相手と話すときは、なるべく好印象を与える話し方をしたいものです。

話し方で気をつけたいポイントは、表情、目線、声のトーンなどです。明るい表情で、相手の目を見ながらハキハキとしゃべりましょう。相手の目を見ずにうつむき気味で話したり、小さい声でぼそぼそ話したりすると、頼りない印象になってしまいますし、話の内容も伝わりにくくなります。話し方が悪いという自覚がある人は、普段から話し方に気をつけて、修正していきましょう。

また、会話中に、腕や足を組む、ポケットに手を入れる、ガムを噛むといった行為は、相手に不快感を与えることがあるので控えましょう。役職についている人が自分の部下と話す場合にはそれほど問題にならないでしょうが、新入社員などは、生意気に思われる可能性が高いので特に注意が必要です。

話し方の基本

明るい表情でハキハキ話すと印象がいい

相手の目を見ながら話す。自分の感情を伝えやすくなる
適度な速度、聞き取りやすい声で話す
明るい表情・態度を心がける
身振り手振りで感情を伝えるのも有効だが、大げさすぎるアクションは控える

こんな話し方はダメ!

相手の目を見ない

頻繁に視線をそらすと、自信なさげな印象になる。嘘をついているんじゃないかと勘ぐられることも。

腕や足を組む

腕や足を組むと、行儀が悪く生意気な印象を与える。新入社員など、社内での立場が弱い場合は特に注意。

口調がゆっくり

ゆっくりした口調は、時間にシビアな仕事の場面では好ましくない。遅すぎず、速すぎない適度な速度で話す。

2-04

仕事の会話は結論から話す

PREP法

▼会話の順序を考える

仕事中は、会話にも効率が求められます。余計なことは省いて、自分の意見を、簡潔に、わかりやすく伝えなくてはなりません。そのためには、話の組み立てをよく考える必要があります。話の順序を間違えると、長々と話しても自分のいいたいことがうまく伝わらず、時間がムダになります。

話の組み立てを考える際に参考になるのが、PREP法という話し方です。PREPはPoint（結論）、Reason（理由）、Example（具体例）、Point（結論）の頭文字をとったもので、**最初に結論を述べて、次に理由と具体例を話し、最後に結論を繰り返す**、という話し方です。

PREP法の特徴は、最初に結論を述べる点です。結論を最初に話すと、相手の興味を引くことができますし、これから何について話すのかが明確になるため、話の内容を理解してもらいやすくなります。

会議・打ち合わせなどでも非常に有効な話法なので、積極的に活用しましょう。

PREP法でわかりやすく伝える

Point（結論）

①最初に結論を述べる

（例）この商品には防水機能をつけるべきです

Reason（理由）

②次に理由を説明する

（例）8割以上のユーザーが防水機能を望んでいるという調査結果が出ています

Example（具体例）

③具体例を挙げる

（例）A社の商品も防水機能をつけて売り上げが2倍になりました

④最後にもう一度結論を述べる

（例）だから、この商品には防水機能をつけるべきです

2-05

無意味な曖昧表現は極力使わない

情報を正確に伝える

▼なんとなく使ってしまう曖昧表現

仕事の話をするときは、伝えるべきことを明確に伝えることが大切です。はっきりいってしまうと相手に失礼になってしまうような場合は、あえて表現をぼかしてまわりくどい言い方をしなくてはなりませんが、原則はやはり、明確に伝えることです。

「資料とか作りましょうか?」「Aさんが〜〜みたいなことをいってましたよ」などの曖昧表現を多用する人がいますが、これは仕事の話をする場合は好ましくありません。伝えたいメッセージが不明瞭になってしまいます。**あえて曖昧にしたいという意図がないなら、曖昧な表現は使わないようにしましょう**。

また、「少し」「かなり」といった程度を表す言葉も、人によって受け取り方に差が生じます。たとえば「今日の会議は普段より少し早めに開始しよう」と伝える場合、「14時45分から開始しよう」と具体的な数字を伝えた方が間違いがありません。相手が曖昧な言葉を使ってきた場合も、必要に応じて「15分前でいいですよね」などと確認しておきましょう。

不要な曖昧表現は使わない

曖昧表現をむやみに多用すると…

メッセージが伝わりにくくなり 会話にムダが生じてしまう

曖昧表現の例	
一応終わりました	今日中には終わると思います
おそらく大丈夫でしょう	私のほうで担当しております
車やバイクなどの製品	少し時間が必要です
早めにいただけると助かります	10個ぐらい発注しました

曖昧にする必要がない場面では なるべく具体的な表現を心がけよう

2-06

きれいな日本語で話そう

若者言葉は使わない

▼普段からの心がけが大事

あなたは、正しい日本語で話しているでしょうか。言葉遣いは、その人のイメージを大きく左右します。言葉遣いがきれいな人は、知的でしっかりした印象を持たれますし、反対に、言葉遣いが悪い人は、がさつな印象を持たれます。

同僚などと話すときはざっくばらんな言葉遣いの方が、かえって打ち解けやすいかもしれませんが、いざというときに普段の言葉遣いが出て恥ずかしい思いをしないように、日頃からなるべくきれいな日本語で話すように心がけたいものです。

気をつけたいのは「わたし的には～」「大丈夫っすか」「超忙しい」といった若者言葉です。これらの言葉は社外の人と話すような場面ではふさわしくありません。ビジネスパーソンとして成熟していない、幼稚なイメージを与えてしまいます。

また、「見れる」「食べれる」といった〝ら抜き言葉〟も、「間違った日本語」として違和感を感じる人が少なくありません。多用するべきではないでしょう。

若者言葉はビジネスシーンにふさわしくない

多用すると軽薄な印象を持たれる

ビジネスシーンにふさわしくない若者言葉	
超〇〇	ハンパない
マジ	全然大丈夫
ヤバい	ウザい
～～っすか	ダルい
ぶっちゃけ	めっちゃ
キモい	パクる
ら抜き言葉	ウケる

2-07

敬語の使い方を磨こう

尊敬語、謙譲語、丁寧語、美化語

▼間違った敬語を使ってない？

言葉の使い方でよく問題になるのが、敬語です。敬語は、仕事における会話の基礎ともいえるもので、仕事以外の場面でも使う機会が多く、なじみ深い言葉です。しかし、意外といい加減に使われています。

たとえばコンビニやファミレスなどでよく使われる**「こちらでよろしかったでしょうか」「1万円からお預かりします」といった表現や、目上の人に対していう「ご苦労様です」などが間違った敬語の例**としてよく挙げられます。

接客の機会がない職業なら一語一句にまでこだわる必要はないかもしれませんが、明らかに間違いとわかる敬語を使うのは問題です。また、年輩の上司などは、敬語のささいな間違いにうるさい人も多いので、できるだけ正しい敬語を使うようにしたいものです。

敬語には尊敬語、謙譲語、丁寧語、美化語があり、それぞれに用途やルールが決まっています。間違いやすい敬語表現を左ページにまとめたので、しっかり覚えておきましょう。

敬語の間違いに要注意!

正しい敬語を身につけよう

間違った敬語の例	
間違い	正解
(目上の相手に) ご苦労様です	お疲れ様です
こちらでよろしかったでしょうか	こちらでよろしいでしょうか
1万円からお預かりします	1万円お預かりします
とんでもございません	とんでもないです
お求めやすい商品です	お求めになりやすい商品です
こちらが資料になります	こちらが資料でございます
まいられました	お見えになりました

2-08
上品な言葉遣いを心がけよう
仕事でよく使われる言い回し

▼上品な印象を与える言葉

ビジネスシーンでは、洗練された言葉遣いが好まれます。たとえば、「あっち、こっち」ではなく、「あちら、こちら」といった方が上品ですし、「さっき」ではなく、「さきほど」といった方が上品に聞こえます。「あっち、こっち」や「さっき」は、会話における頻出ワードなので、なるべく上品な言い方をしたいものです。

このような**上品な言葉を使う人は、相手にスマートな印象を与えられますし、仕事の話ができる相手として認めてもらいやすくなります。**

仕事でよく使われる上品な言い回しを左ページにまとめました。会話の基本のひとつとして、ぜひ身につけておきましょう。

言葉遣いは頭で覚えるだけでなく、口に出して実際に使ってみた方がしっかり身につきます。上品な言葉遣いに慣れていない人は、普段の仕事のなかで積極的に使って、自然に口から出るようにしておきましょう。

ビジネスシーンの定番ワード

言い方ひとつで印象がずいぶん変わる

さっき、あっちの映画館で映画を
見たのですが、すごく感動しました
さきほど、あちらの映画館で映画を
見たのですが、とても感動しました

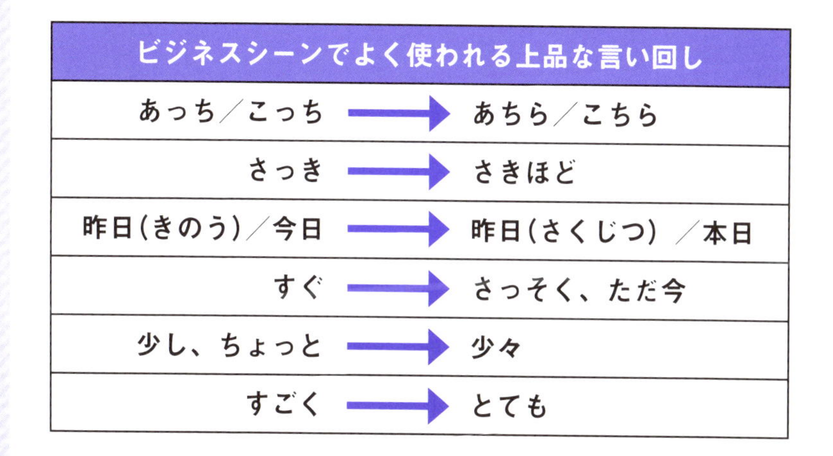

ビジネスシーンでよく使われる上品な言い回し		
あっち／こっち	→	あちら／こちら
さっき	→	さきほど
昨日（きのう）／今日	→	昨日（さくじつ）／本日
すぐ	→	さっそく、ただ今
少し、ちょっと	→	少々
すごく	→	とても

2-09

カタカナ用語の多用は控える

わかりやすい言葉で伝える

▼相手に伝わる言葉を選ぶ

相手の理解度を考えて、伝わりやすい言葉を話しましょう。たとえば、同僚や先輩社員と話す場合には「ユーザビリティ」という言葉を当たり前のように使っていたとしても、その言葉を知らないかもしれない相手と話す場合は、「使いやすさ」などと言い換えた方がスムーズに伝わります。

書籍のヒットなどで流行したビジネス用語は、人によって理解度に差があることが多いので特に注意が必要です。定義があいまいなままなんとなく理解している人も多く、誤解の原因になります。用語としてしっかり定着するまでは使わない方がいいでしょう。

勉強熱心な人ほど多くのビジネス用語になじみがあるため、普段の会話でもどんどん使ってしまいがちですが、その用語を知らない人にとっては理解できませんし、「流行に流されやすい人」と見られるおそれもあります。**周りの人が使っていない用語は基本的には使わない方がいいでしょう。**

カタカナ用語は相手を見て使おう

カタカナ用語に疎い人もたくさんいる

今度の企画、私は基本的にはアグリーなんだけど、サステナビリティを考えるともっと大きなバジェットでやるべきじゃないかな。もうみんなのコンセンサスはとれてるの?

え、えっと…
それはですね…

いったい何を
いっているんだ…?

カタカナ用語はこう言い換えよう!	
サステナビリティ	持続可能性
アグリー／ディスアグリー	同意する／同意しない
エビデンス	根拠
アジェンダ	検討課題、行動計画
アライアンス	協力体制の構築
プライオリティ	優先度
コンセンサス	合意
アサイン	割り当て、任命
バジェット	予算

2-10

話題のチョイスに気を使おう

無難な話題と危険な話題

▼困ったときは天気の話

仕事関係の相手と雑談をする機会は頻繁にあると思いますが、付き合いの浅い人と雑談をするときは、話題のチョイスをよく考えなくてはいけません。**雑談として無難なのは、「天気」「季節」「食」「趣味」「出身地」などに関するあたりさわりのない話題**です。天気の話をして相手との関係にひびが入るようなことはまずありません。

反対に、雑談にふさわしくないのは、「政治」「宗教」などの話題です。政治や宗教はいろいろな意見を持った人がいます。付き合いの浅い相手といるときに、安易に政治批判などをすると、相手はまったく別の意見を持っていて、気分を害するかもしれません。

また、「家庭事情」「収入」「学歴」もリスキーな話題です。

相手のことを知りたいという気持ちは大事ですが、関係が深まらないうちに踏み込みすぎると、相手の信頼を得られません。相手の気分を害する可能性が大きい話題を避けつつ、無難な雑談を積み重ねて、少しずつ相手との関係を深めましょう。

無難な話題と危険な話題

無難な話題

相手の気分を害する可能性が少ない

危険な話題

政治

参

衆

宗教

家庭事情

収入

¥

学歴

奥様はどんな方
なんですか？

いや、ちょっと
いろいろあって
別れたんだよ…

相手の気分を害する可能性が大きい

2-11

各世代と盛り上がれるネタを知っておこう

ジェネレーションギャップの壊し方

▼世代間の違いを話題にする

相手と年齢が離れていると、共通の話題が見つからず、会話を続けにくくなります。そういった場合のために、世代別の鉄板ネタをいくつか覚えておくと便利です。ここでいう鉄板ネタとは、歳の離れた相手が話しやすい話題のことです。

相手が20代の若い世代なら、最近流行っているものについて話すのがいいでしょう。30代、40代なら、ファミコンやポケベルなどが鉄板ネタといえます。ファミコンやポケベルのように社会的に流行ったアイテムは、その世代のほとんどの人が使っており、何かしらの思い入れを持っているものです。50代なら、バブル時代の話を聞いてみましょう。景気のよかった時代に自分が経験した、あるいは見聞きした、びっくりするような思い出話を話してくれるに違いありません。

歳の離れた相手とは、**鉄板ネタを切り口に、自分たちの世代と何が違うのか、という点にスポットをあてて話す**ようにすると、会話がどんどん続いていくはずです。

年齢の離れた人と雑談する際のポイント

相手が食いつきやすい話題で会話を盛り上げる

各世代が盛り上がりやすい話題			
20代	30代	40代	50代以上
流行のアイテム 流行のドラマ 流行のファッション など	ファミコン ポケベル ジブリ作品 など	ファミコン ガンダム 漫才ブーム など	子供時代 学生時代 バブル景気 など

各世代が若い頃に経験した流行や社会現象の話題は話が弾みやすい！

共通の話題を探すのではなく世代間の違いを話題にするのがコツ

ケータイがない時代って待ち合わせのときどうしてたんですか？
そりゃお前、お互いに時間通りきてくれると信じて待つんだよ
遅れちゃったら大変ですね
待ってる方は心配だよな そういえば私が学生のとき、彼女と待ち合わせして……

2-12

気まずい沈黙は簡単な質問で打破！

クロ－ズドクエスチョンとオ－プンクエスチョン

▼とりあえず質問する

仕事相手といるときに会話が途絶えると、気まずい沈黙が訪れることがあります。何か話した方がいいと思いつつも、適当な話題が見つからない……というときは、なんでもかまわないので簡単な質問をぶつけてみましょう。「最近、調子はどうですか？」という漠然とした質問でもいいのです。相手が質問に応えてくれたら、そこから会話を広げることができます。たとえば相手が「いや～、あんまりよくないね」というふうにいったとしたら、「お身体の調子がよろしくないんですか？」などと話を話を広げ、そこから健康をテーマにして会話をつなげるという感じです。

なお、質問には、「イエス」「ノー」のような二択で答えられるクローズドクエスチョンと、「イエス」「ノー」の二択では答えられないで答えられないオープンクエスチョンの2種類があります。**会話を広げたい場合は、「はい」「いいえ」で答えられるクローズドクエスチョンよりも、オープンクエスチョンの方が有効です。**

簡単な質問で会話の糸口を作る

いい返答が帰ってこなかったら、自分で話をつなげよう

え、先日? 何をしたっけ?
う〜ん、思い出せないなあ…
私は久しぶりに映画を
観にいったんですけれども

2-13

相手の話を断るときにもコツがある

代替案の提示は最低限のマナー

▼ただ断るだけでは印象が悪くなる

同僚や上司などから「申し訳ないけど、今日中にこの資料のチェックをやってくれない？」という感じで、ちょっとした仕事を頼まれることはよくあります。もちろん、手が空いていれば笑顔で引き受けるのが正しい対応でしょう。しかし、忙しくて断らざるをえないこともあります。相手の頼みを断るときは、言い方を間違えると悪い印象を与えてしまうので注意が必要です。

頼みごとを断るときは、理由を説明して、代替案を提示するのがポイントです。断るだけでなく、代替案を提示すると、できるだけ力になりたい、という気持ちが伝わります。

たとえば、忙しくて手が離せないことを伝えたあとに、代替案として「明日のお昼には片付きますので、それからとりかかるのでは遅いでしょうか？」などと付け加えます。場合によっては、現在の仕事の状況をもっと具体的に伝えるのもいいでしょう。「そんな状況ならたしかに無理だ」と納得してもらえます。

相手の頼みを断る場合の対応

ただ断るだけだと…

**「冷たい」「頼りにならない」といった
ネガティブな印象を与えてしまう**

理由を詳しく説明して代替案を提示すると…

**協力したいという気持ちが伝わるため
悪いイメージを持たれない**

2-14

嫌な印象を与えない否定の仕方とは？

反対意見をいうときのポイント

▼最初に相手の意見を肯定する

会話というのは言葉の選び方ひとつで大きく印象が変わってしまうものです。特に、相手と反対の意見をいうケースは注意しなくてはなりません。相手の意見を否定するようなニュアンスが強くなると、相手に不快感を持たれてしまいます。

「相手の意見は間違っていて、自分の意見が正しい」というスタンスで話すと、当然ながら否定された方はムカッとします。しかし、「相手の意見にも納得できる部分があるが、自分としてはこう思う」という感じで話すと、反対の意見を述べても嫌な印象にはなりません。

簡単なのは、**自分の意見をいう前に相手の意見を一度肯定することです**。「たしかにその通りですね。しかし……」というように話しはじめれば、相手を不快にさせることなく自分の意見を述べることができます。

明らかに相手の意見が間違っていると思っても、相手を立てながら話すのがビジネスマナーです。

反対意見をいうときのポイント

ストレートに相手の意見を否定すると…

商品Aはもっと価格を下げないと
販売個数が伸びないだろうな

そうか、たしかに
そうかもしれないな…

そんなにはっきり
否定しなくても…

**自分の意見が正しかったとしても
相手に不快感を与えてしまう**

相手の意見を肯定してから自分の意見をいうと…

商品Aはもっと価格を下げないと
販売個数が伸びないだろうな

そうですよね。ただ、価格を
下げる前にもっと認知拡
大に力を入れたいところ
ですよね

そうだな、認知拡大が
最優先課題だな

**否定のニュアンスが弱まり
相手は不快感を覚えない**

2-15

会話が続かない人はネタ帳を作ろう

会話を盛り上げるための心がけ

▼話題を探す習慣を作る

コミュニケーション能力を高めるために、雑談をする力も鍛えておく必要があります。取引先の相手とふたりきりになり、何か話さなければと思いながらも、話題が思いつかず、気まずい無言の時間が流れる、という経験をしたことがある人はきっと多いでしょう。特に、自分より立場が上で、かつ無口な人が相手だと、頻繁に会う間柄でも一定の距離感を保たねばなりませんし、毎回同じ話をするわけにもいかず、話題に苦労しやすくなります。

このような気まずい沈黙を回避するには、普段から話題をたくさん用意しておくのがおすすめです。同僚がやらかした面白いミスの話、最近見た映画の話など、日常のなかで雑談に使えそうな出来事があったら、手帳やスマートフォンにメモしておきましょう。いわば話題のネタ帳作りです。

話題を見つけてメモすることを続けて話題を探すのが習慣になると、そのうち、メモをしなくても、常に頭のなかに話題のストックが用意されている状態になるはずです。

話題の引き出しを増やそう

会話の際に話題に困ることがなくなる!

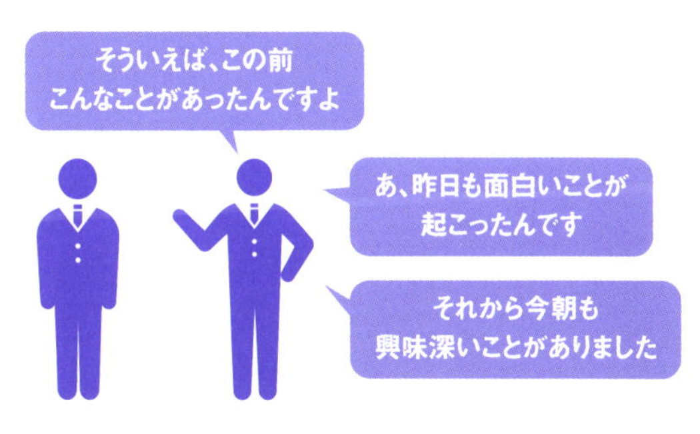

2-16

社交辞令を上手に言えるようになろう

社交辞令のコツ

▼相手のことを好きになろう

社交辞令は、仕事上の人間関係を円滑にするためにとても有効です。社交辞令が下手だと、会話が途絶えたりギクシャクしたりしがちです。

社交辞令をいうときに大事なのは、相手への好意を伝えることです。好意が伝われば、相手も自分に好意を持ってくれます。たとえば、相手の外見や性格に対する褒め言葉は、定番の社交辞令ですが、お世辞だとわかっていてもうれしいものです。もちろん本心とは違うお世辞をいってもかまわないのですが、できれば本心からの言葉の方が相手に気持ちが伝わります。**普段から、相手の短所ではなく長所を見つけるように心がけ、相手を好きになることが、社交辞令を上手にいうための一番の近道です**。社交辞令が下手な人は、定番の社交辞令をいくつか覚えておいて、状況に応じて使い回すのもひとつの手でしょう。

なお、相手に社交辞令をいわれたときは、にこやかに謙遜するのがマナーです。お世辞をいわれて真顔で強く否定したりすると、相手の好意が台無しになってしまいます。

社交辞令を上手に使おう

社交辞令がうまいと人付き合いもうまくいく

部長、おはようございます
素敵なネクタイですね
はっはっは、ありがとう
娘からのプレゼントなんだ

相手のことをよく観察し、長所を見つけるようにすると自然に社交辞令がいえるようになる

社交辞令の例	
今度飲みにいきましょう	さすがに目のつけどころが違いますね
田中さんってすごくモテそうですね	スーツがよく似合いますね
田中さんと話していると元気が出てきます	いつもおしゃれですよね
その靴、素敵ですね どこで買ったんですか？	田中さんと一緒に仕事ができてうれしいです

2-17

各種ハラスメントに注意しよう！

何気ない一言が相手を不快にする

▼ハラスメントの可能性がある言動は控える

仕事相手と話す際に、注意しないといけないのが、各種ハラスメントです。ハラスメントは「嫌がらせ」という意味ですが、ある言動がハラスメントにあたるかどうかの基準は人によってさまざまです。そのため、自分は何気ない冗談のつもりでいった一言が、相手にとってはすごく不快で、ハラスメントとして受け取られる、というケースがあるのです。

たとえ自分に悪意がなかったとしても、ハラスメント的な言動をすると、相手との信頼関係が一気に崩れてしまう可能性があります。

ハラスメントへの対策は、ハラスメントへの意識を高め、ハラスメントになりそうな言動を控える、ということにつきます。特に気をつけたいのはパワハラとセクハラです。後輩や部下に対して、高圧的な言動はとらないようにし、性的な話題には触れないようにしなくてはなりません。また、飲み会の席では気が緩むので普段以上に注意が必要です。たわいのない下ネタでも、不快に感じる人がいるということを忘れないようにしましょう。

ハラスメント行為には細心の注意を払おう

相手をイヤがらせるつもりがなくても
相手が不快感を感じたらハラスメントになりえる

セクハラになりえる言動	パワハラになりえる言動
容姿に関する話題	部下を大声で怒鳴る
お酌を強要する	部下を大勢の前で叱る
結婚について尋ねる	部下に暴言を吐く
出産について尋ねる	部下の悪口をいう
無理やり飲み会に誘う	無理やり飲み会に誘う
下ネタをいう	部下の発言を無視する
体を執拗に見つめる	部下に過剰なノルマを課す
不必要に体を触る	程度の低い仕事しかさせない

コラム

先輩に質問するときは一度自分で考えてから

だれしも新人のときはわからないことばかりです。仕事のやり方について、わからないことがあったら、先輩、上司にどんどん質問した方がいいでしょう。

ただし、相手の状況はよく考えなくてはいけません。相手が忙しそうにしていたり、イライラしていたりするときは話しかけない方が無難です。

また、自分で考える努力をせず、すぐに先輩や上司に聞くのはよくありません。自分で一度考えて、「自分はこう思うのですが、あっているでしょうか？」という聞き方をした方が、教える方も気持ちよく教えることができます。

一方、先輩、上司の立場にある人は、新人の質問には広い心で応じましょう。新人の質問に答えることも仕事のうちですし、なんでもかんでも質問してくる新人ほど、将来は頼もしい存在に成長するものです。

忙しいからといって「それくらい自分で考えろ」などと突き放してしまうと、相手は萎縮して、不明なことがあっても質問せずそのまま放置するようになるかもしれません。そうすると業務効率が悪くなりますし、相手の成長も遅くなってしまいます。

第3章

仕事をスムーズに進めるオフィスのマナー

3-01

準備を整えてから一日をはじめる

始業の心得

▼少し早めに出社する

朝は、一日の仕事がはじまる大切な時間帯です。しっかり準備を整えてから一日のスタートを切れば、仕事の能率が上がりますし、周囲からの評価も高まります。そのためには、**少し早めに家を出て、10～20分ほど前に出社するのがいいでしょう**。毎朝、始業時間ギリギリですべりこんでくるような社員は、だらしないイメージを持たれがちで印象がよくありません。早めに家を出れば、電車の遅延など、交通機関のトラブルにも対応しやすくなります。

会社についたら、他の社員に元気よくあいさつをし、さっそく仕事の準備をはじめましょう。デスクを軽く片付けて、パソコンを起動します。パソコンでメールをチェックしたら、頭のなかで一日の段取りを組み立てて、やるべきことを明確にしておきます。

始業までまだ時間があるなら、みんなが気持ちよく働けるように、オフィスの換気をしたり、プリンタの紙を補充したりするといいでしょう。忙しい朝にそこまで気配りができれば、みんなからの評価もぐっと高まるはずです。

始業前のポイント

誠実で前向きな人は信頼される

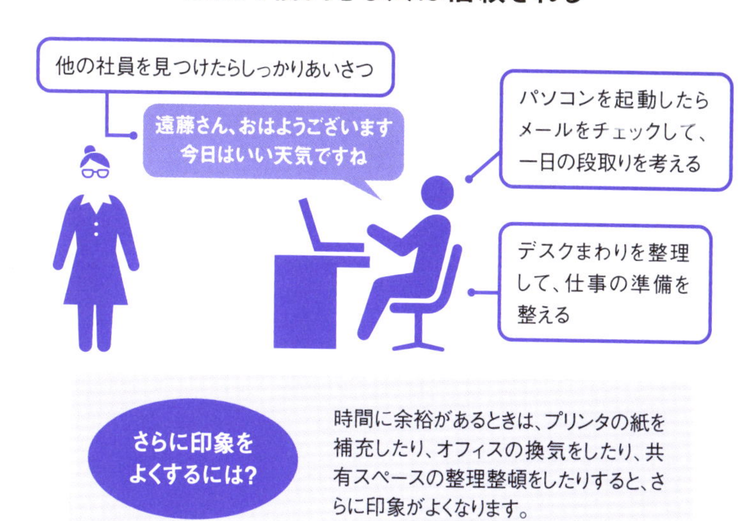

さらに印象をよくするには?

時間に余裕があるときは、プリンタの紙を補充したり、オフィスの換気をしたり、共有スペースの整理整頓をしたりすると、さらに印象がよくなります。

始業前のNG行動

デスクで食事をする

朝食は出社前にすませておく。デスクで朝食をとると、匂いが残って他の社員の迷惑になる場合も。

スマホをいじる

スマートフォンでゲームをしたり、インターネットを閲覧したりしている姿はあまり印象がよくない。

趣味の雑誌を読む

情報収集のために新聞や本を読むのは問題ないが、仕事と関係ない雑誌を読むのはダメ。

3-02

外出・退社するときもスマートに！

退社の心得

▼黙って会社を出るのはNG

外出・退社する際もマナーがあります。打ち合わせなどで外に出る場合は、行き先と帰社時間を上司や同僚に必ず伝えましょう。ホワイトボードなどの行動予定表がある場合は忘れずに記入します。また、帰社が予定より遅くなる場合は、外出先から一旦連絡を入れます。

退社時も、黙って会社を出るのはマナー違反です。退社時のあいさつは、「お先に失礼します」「お疲れ様です」が基本です。**朝のあいさつと違って、元気よく大きな声でいうと逆に印象が悪くなる場合があるので注意してください**。忙しそうにしている人がいれば、何か手伝えることがないか聞いてみるのもいいでしょう。なお、帰宅の準備は、終業時間になってから、周りの人の迷惑にならないよう静かに行います。このときデスクの周りを軽く片付けて、翌日の段取りを確認しておくのがおすすめです。

また、一日の仕事が中途半端な状態で終わると、翌日、スムーズに仕事にとりかかりにくくなります。キリのいいところで終われるように計算して仕事を進めておきましょう。

外出時・退社時の注意点

黙って会社を出るのはダメ

黙って会社を出ると、自分宛てに電話があった場合などに対応する人が困る。

退社時のあいさつは、大きすぎない声で

大きな声でのあいさつは、まだ働いている人の神経を逆なですることがある。

忙しい人を気遣うと印象が上がる

忙しそうな人がいたら、なにか手伝うことがあるか聞くと親切。

3-03

デスクはいつもきれいにしておこう

整理整頓のテクニック

▼デスクがきれいだと仕事がはかどる

自分が使うデスクは、いつもきれいにしておきたいものです。デスクが散らかっていると、資料を探しづらくなったりして仕事の能率が下がりますし、印象もよくありません。デスクが汚い人はいい加減な性格と見られがちです。

整理整頓のポイントは、「デスクの上に余計なものを置かない」「各アイテムの定位置を決める」「使ったら元に戻す」の3つです。普段の仕事で使わないものをとりあえずデスクに置いておくとデスクが散らかる原因になります。デスクの上に置くものの数を増やさないことが大事です。また、引き出しの1段目は文房具、2段目はその他の小物、3段目は資料というように収納場所を決めておくと、片付けるときも使うときも便利です。収納場所から取り出して使ったら、そのまま放置せずに必ず元の位置に戻しましょう。

また、書類は、取引先別、案件別、年度別など、カテゴリごとに分類していくときれいに管理することができます。

デスクをきれいに使うコツ

デスクがきれいだと仕事の能率も印象もよくなる

不要なものを置かない

デスクの上には必要なものだけを置いておく。写真立てなどの私物は置いてもかまわないが、いくつも置くのは考えもの。

収納場所を決める

何をどこにしまうかをきちんと決めて、できるだけそれを守る。また、他から筆記用具を借りてきた場合などは必ず元の場所に返す。

使ったら元に戻す

使い終わったものは必ず元の場所に戻す。戻さずデスクの上に置いておく、という行為が繰り返されると、すぐにデスクの上が散らかる。

整理整頓を習慣付ける

毎日の始業前、もしくは退社時などに、デスクを片付ける時間を作ると、いつもきれいな状態を保てる。日々の習慣にすることが大切。

書類のファイリングも重要

書類は、テーマごとに分類するのが基本。分類せずにまとめて収納していると、いざ必要になったとき、目的の書類を探すのに時間がかかる。

3-04

上下関係を常に意識しよう

人付き合いの基本事項

▼仲良くなっても上下関係は忘れずに

上司、部下、先輩、同期、後輩……立場や年齢の異なるさまざまな人間が集まる職場では、上下関係がとても大切です。大原則は、先輩には敬意、後輩には愛情を持って接することです。自分より能力が低いからという理由で先輩を見下したり、助けを求める後輩を無視したりする人は、良好な人間関係が築けず、孤立してしまいます。

先輩後輩の判断は、年齢だけでなく、入社年度も関係するため、単純ではありません。年齢が若くても入社が早い方が仕事の上では先輩といえます。しかし、入社が遅くても年齢が高ければ人生の先輩なので、敬意を持って接しなければいけないでしょう。

注意したいのは、付き合いが長くなって、上司や先輩に対する意識が薄れてしまうケースです。仲がよくなって、気を遣わずに付き合えるようになるのはとてもいいことですが、だからといって目上の人に対する尊敬を忘れると、ちょっとしたことで関係がこじれてしまいます。どんなときでも上下関係は常に意識しておきましょう。

上下関係を軽視すると痛い目を見る

上下関係を大事にする人

上司や先輩にかわいがられ、助けてもらいやすい

上下関係を気にしない人

上司や先輩にかわいがられず、助けてもらいにくい

3-05

上司の誘いにはなるべく応じよう

飲みニケーションへの対応

▼お互いの仲を深める機会

仕事のあと、上司や先輩が部下を引き連れて食事にいくようなケースはよくあります。いわゆる飲みニケーションです。上司や先輩に誘われた場合、予定がある、お酒が飲めないなど断る理由がないのであれば、「ぜひお願いします」と笑顔で即答するのがベストです。返事をするまでに間が空いたり、表情が暗かったりすると、「ありがとうございます。ぜひご一緒させてください」と返答しても、本当はイヤなんじゃないかと勘ぐられてしまいます。やむをえない事情があればもちろん断るしかありませんが、上司や先輩の誘いにはなるべく応じるべきでしょう。**仕事のあとの飲み会は、仲間との絆を強める絶好のチャンスですし、普段は聞けないような本音の話を聞くこともできます**。

一方、上司の方は、部下を誘った際の反応に敏感になるべきです。「本当はイヤだけど、断るのも悪いから……」という本音が見えたら、無理に何度も誘わないようにしましょう。相手の気持ちを第一に考えることが良好な人間関係の構築につながります。

飲みニケーションのメリット

仲良くなれて、仕事にもプラスになる

仲が深まる

アルコールは人付き合いの潤滑油。ざっくばらんな会話を通じて、お互いによりわかりあうことができ、よりよい人間関係を築くことができる。

率直な意見をいえる

普段はいいづらいようなことも、酒の席ならいうことができる。仕事仲間の本音を知ることができるチャンスでもある。

成長のヒントを得られる

飲み会では、上司の話をじっくり聞くことができる。経験豊富な上司の体験談やアドバイスから得られるものはとても大きい。

ストレスを発散できる

仕事仲間と楽しい時間を過ごすことで、ストレスを解消し、明日への英気を養えるという点も、見逃せないメリットのひとつ。

無理に誘うのは逆効果

絆を深めたいからといって、用事がある人や、嫌がっている人を無理に誘うのはダメ。しつこく誘うと逆に相手との関係が悪化してしまう。

3-06

「無礼講」は「なんでもあり」じゃない！

飲み会でのふるまい方

▼飲みすぎは失敗のもと

仕事の打ち上げの席などでよく聞くのが、「今日は無礼講だ」というセリフです。これは「上司と部下の関係を忘れて楽しく飲もう」という意味ですが、本当に上司と部下の関係を無視してしまってはいけません。

無礼講という言葉と酒の力にのせられて、上司に生意気な口を利いて関係が悪くなってしまう、というのは若手社員の典型的な失敗パターンです。**無礼講は、「肩の力を抜いて楽しく飲みましょう」くらいの意味だと理解しておきましょう**。飲み会の席でも上司は上司、部下は部下です。

また、自分が上司の場合、飲み会では説教や自慢話をしないように気をつけましょう。飲み会で説教をすると場の空気が悪くなりますし、自慢話も度がすぎると場が白けます。場の空気を壊してしまうときはだいたいひどく酔っ払っているときなので、飲み会ではお酒を飲みすぎない、ということが、楽しい時間を過ごすための一番のポイントといえます。

飲み会での注意点

無礼講といわれてもマナーは守ろう

飲みすぎない

飲み会で発生するいざこざの大半は、飲みすぎが原因。飲みすぎず、自制心を保ちながら楽しむことが何よりも大切。

率先してお酌をする

グラスの酒が減っている人を見つけたら、積極的にお酌をする。適度にお酒が入ることで、場の空気がよくなって、会話が弾む。

無理に飲ませない

積極的にお酌をすべきだが、飲めない人に無理やり飲ませるのはダメ。また、「手酌でいいよ」といわれたら、素直に引き下がろう。

目上の人を立てる

飲み会でもマナーは大事。料理に手をつけるのは、目上の人がまず箸をつけてから。上座、下座もしっかりと確認しておく。

自分が上司の場合は…

上司の説教や自慢話は、部下は聞きたくないもの。また、愚痴や悪口は会話の潤滑油になることもあるが、なるべくポジティブな話題で盛り上がりたい。

3-07

会議の目的をしっかり把握する

会議に参加する際の心構え

▼積極的な姿勢が充実した会議につながる

会議は、複数の人間が協力してひとつの仕事を進める上で非常に重要な時間です。よい会議ができれば仕事の成果があがります。いい会議ができなければいい仕事もできません。充実した会議を行うには、参加者がしっかり準備をしてから参加することが前提になります。一番大切なのは、それぞれの参加者がその会議の目的をしっかり理解していることです。習慣的に開催されている定例会などは、目的が不明確になりやすいので、特に注意が必要です。あらためて上司に確認するなどして、何のための会議なのかをしっかり確認し、強い目的意識を持って参加しましょう。

会議がはじまってからは、積極的に発言することが大事です。特に、**アイデア出しの会議では発言の質よりも量が重要になるので、「自分のアイデアなんて……」などと弱気にならず、どんどん意見を出しましょう**。上司に笑われるようなアイデアの方が、みんなの発想を広げるとともに発言のハードルを下げてくれ、いい会議につながります。

アイデア出し会議では意見の質より量が大事

いいアイデアを出そうと意気込みすぎると…

みんなが感心するような
すばらしいアイデアはないかな…
う〜ん…

参加者の発言回数が減り、
実りの少ない会議になってしまう

くだらないアイデアでもとりあえず発表すると…

他の参加者もアイデアを発表しやすくなり
結果として充実した会議になる

3-08

「報・連・相」は5W3Hを意識して簡潔に

上司の信頼を得るコツ

▼デキる人ほど短時間ですませる

複数人で仕事を進める際には、情報共有や意思疎通がうまく行えるか否かで効率に大きな差が出ます。そして、情報共有や意思疎通の基本となるのが「報・連・相」です。報・連・相は、報告、連絡、相談のことで、この3つができていないと仕事に支障をきたします。

連絡と相談は似た概念で、両者の定義は曖昧なところもありますが、一般的には、今後の予定など、未来の事柄について伝えるのが連絡、業務の進捗状況など、現在・過去の事柄について伝えるのが報告とされています。

報告・連絡をする場合は、必要な情報を簡潔に伝えることが大事です。5W3Hを意識しながらわかりやすく情報を整理して、重要な事柄から順に話しましょう。**トラブルやミスなどのネガティブな情報ほど、早いタイミングで報告・連絡しなければなりません。**

相談に関しても基本は同じです。漠然と話さずに、問題点を絞って、何について相談したいのかを明確に伝えましょう。

「報・連・相」は仕事の基本

こまめに行うと上司の信頼を得られる

報告
担当している
業務の経過や
結果を伝える

連絡
担当している
業務の予定や
予測を伝える

相談
判断が難しい
場合などに
意見を求める

5W3H	
What	何を
Why	なぜ
Who	誰が
When	いつ
Where	どこで
How	どのように
How many	どのくらい
How much	いくら

**5W3Hを意識して要点をまとめれば
わかりやすく状況を伝えられる**

3-09

プレゼンで失敗しないためには？

プレゼンの基本

▼自信を持って堂々と話す

プレゼンテーションは、ビジネスパーソンとしての自分の力を示す絶好の機会です。どんなプレゼンをするにしても、基本的なマナーはしっかり押さえておきましょう。

プレゼンは、最初にあいさつをし、自分の意見を説明して、そのあとに質疑応答を行い、最後に締めのあいさつをする、という流れで行うのが一般的です。

一番大事なのは話し方です。**「えーっと」や「あのー」といったつなぎ言葉が多いと、弱気な印象を与えるので多用しないようにしましょう。**どうしてもつなぎ言葉が必要な場合は「えーっと」「あのー」ではなく、「えー」でつなぐようにした方が印象はいいでしょう。

もちろん、プレゼン資料のクオリティを上げることも大切です。箇条書きやグラフ、図を効果的に使うとぐっと見栄えがよくなります。また、情報は盛り込みすぎず、要点をしぼって簡潔に説明するように心がけましょう。資料が多すぎたり説明が長すぎたりすると、参加者の集中力が切れてしまいます。

プレゼンの流れ

**小声でボソボソ説明すると印象が悪い！
しっかり準備をして、自信を持って話そう**

①あいさつ

「それでは新商品のプレゼンをはじめさせていただきます。よろしくお願いいたします」

②プレゼンテーション

ボディランゲージを適度に交えながら、大きな声で一言一言をはっきりと発音する。重要な部分では声のトーンを上げるなど、メリハリをつけるとより効果的。

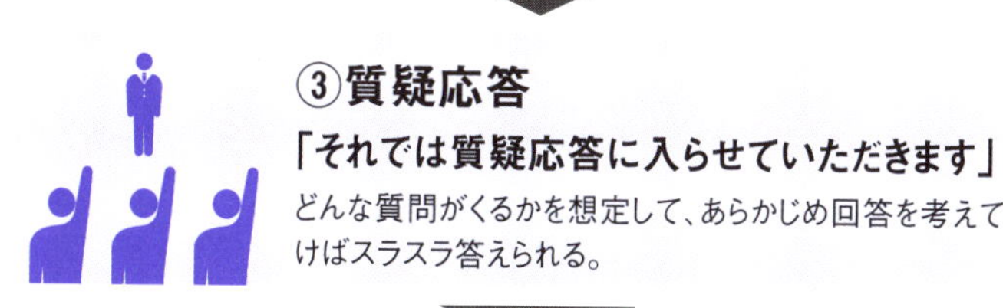

③質疑応答

「それでは質疑応答に入らせていただきます」

どんな質問がくるかを想定して、あらかじめ回答を考えておけばスラスラ答えられる。

④締めのあいさつ

「質問がなければ、これでプレゼンを終わります。お忙しいところ、ありがとうございました」

3-10

メモをとる習慣を身につけよう

メモをとるメリット

▼大事なことはとにかくメモ！

仕事中は、いつでもメモをとれるように準備しておきましょう。上司や先輩にいわれた注意やアドバイスをすぐに書きとめるためです。

もちろん、注意やアドバイスだけでなく、忘れてはいけないタスクや、仕事のなかで気づいた業務改善のヒントなど、忘れると困るものはとにかくどんどんメモしましょう。

人の記憶力は意外とあてになりません。せっかくいいアイデアを思いついたのに、翌朝にはきれいさっぱり忘れてしまうとか、簡単な数字を間違って覚えてしまうようなことはよくある話です。

メモをとるメリットは、あとで内容を確認できることだけではありません。**頭のなかにある情報を文字にして書き出す過程で情報が整理され、記憶にも残りやすくなります**。また、話を聞いているときにメモをとると、真剣に話を聞いているということが相手に伝わり、好感を持たれます。メモをとる習慣を身につけておいて損をすることはまずありません。

メモのメリット

メモをとっていると周囲の印象もよくなる

あとで確認できる

大事な情報を文字という形で残せるので、忘れても思い出せる。特に固有名詞や数字は暗記するだけだと忘れやすいので必ずメモしたい。

記憶に残りやすくなる

メモを書くと、ただ話を聞くよりも記憶に残りやすくなる。ただし、メモをとることに気をとられて、集中して話を聞けなくなるのはダメ。

要点をまとめる力が上がる

メモをとるのがうまい人は、無駄な情報を省略して一言でまとめることができる。メモをとる習慣をつけると、要点をつかむ力がアップする。

印象がよくなる

メモをとる姿は真面目で仕事熱心に見える。話を聞きながらメモをとると、話し手はちゃんと聞いていることがわかって安心する。

メモを見返す習慣もつけよう

必要がなければメモを読み返さない、という人も多いが、業務のなかで思いついたアイデアなどをメモしている場合は、ときどき読み返さないと忘れてしまう。

3-11

仕事の流れの基本形を覚えておこう

PDCA

▼反省点を見つけて改善する

ＰＤＣＡは、業務を効率化するための考え方で、大規模なプロジェクトから小規模な個人の仕事まで、あらゆる場面で利用されています。ビジネスパーソンが覚えておくべき常識的知識のひとつといえるでしょう。

計画を立てて(Plan)、それを実行したら(Do)、反省点を探して(Check)、改善する(Action)というのがPDCAのサイクルです。このサイクルを繰り返すことで、業務効率が向上していきます。

ありがちなのが、Ｃ(Check)とＡ(Action)が抜けているケースです。忙しいと、ひとつの仕事が終わったあと、ＣとＡを飛ばして次の仕事に取り掛かる、という流れになりがちです。反省点をチェックして次にいかすための工程がないと、業務効率は上がりません。業務の段取りを考える際には、ＣとＡを必ず入れましょう。同じことを繰り返すのではなく、常によりよい方法を模索することで、ビジネスパーソンとしての成長も早まります。

PDCAで業務改善

計画を立てて（Plan）、実行する（Do）だけだと…

仕事のやり方に問題があっても
なかなか改善されない

反省（Check）と改善（Action）の工程があると…

問題点が改善されて
業務効率がどんどん上がる！

3-12

ちょっとしたプレゼントの渡し方は？

渡し方を間違えると逆効果

▼仕事の邪魔にならないものを渡そう

出張から帰ってきたときやバレンタインデーなどに、仕事仲間にちょっとしたプレゼントを贈る、というのはオフィスでよく見られる光景です。毎日一緒に頑張っている相手からのプレゼントというのは、どんなにささいなものでもうれしいものです。

しかし、ちょっとしたプレゼントを贈る場合にも、気をつけるべきことがあります。たとえば、プレゼントのチョイスです。仕事の邪魔になるようなものや、高価なものを渡すと迷惑になってしまいます。

無難なのは、バレンタインデーのチョコもそうですが、食べ物や入浴剤などの消え物です。出張や旅行のおみやげとしては、地方限定のお菓子が定番のひとつになっています。

また、**プレゼントを特定の人にだけ渡したり、渡す相手によってプレゼントの内容に差をつけたりするのは基本的にNGです**。「私たちのことはどうでもいいんだね」と思う人が出てこないように、プレゼントは全員に平等に贈りましょう。

プレゼントの渡し方

相手の迷惑になるものは渡さない

サイズが大きいものや、
値段が高すぎるものは、
相手の迷惑になるので
控える。

同じプレゼントを全員に渡すのが基本

プレゼントに差をつける
と、人間関係に亀裂が
入る原因になる。

渡すタイミングを間違えない

バタバタする時間帯は
避けて、休憩中に渡すの
がベスト。

3-13

上司が身につけるべき基本マナーとは？

部下の規範となる

▼部下の信頼を得るには？

出世して部下を率いる立場になったら、責任感が増し、周囲の目も厳しくなります。それまで以上に気を引き締め、部下の手本になるような言動を心がけなくてはいけません。**部下に信頼してもらうためには、基本的なビジネスマナーを徹底することが大事です**。上司として、部下の信頼を得るためにやるべきことはたくさんありますが、その前に、やってはいけないことを覚えておきましょう。

左ページに、上司としてふさわしくない言動をまとめました。これらは、部下の信頼を失う行為です。ひとつでも当てはまるものがある場合は、早急に言動をあらためましょう。毎日、一生懸命仕事に取り組んでいたとしても、これらの言動を頻繁に繰り返しているようでは、いつまでたっても部下の信頼は得られません。

部下の信頼は、一朝一夕に得られるものではありません。日々の業務を通して少しずつ積み重ねていきましょう。

こんな言動・行動は上司としてふさわしくない

社内のルールを破る

上司がルール破りをすると、職場の秩序がどんどん乱れる。細かいルールもきっちり守るべき。

愚痴や悪口をいう

愚痴や悪口をよくいう上司は、部下の信頼を得られない。前向きな発言を心がける。

部下の意見を聞かない

自分の意見を最優先し、他人の意見に耳を傾けない上司には、だれも意見をいってくれなくなる。

えこひいきをする

特定の部下を特別扱いすると反感を買う。すべての部下に同じように接しよう。

意見をコロコロ変える

思いつきで意見をコロコロ変えると、部下がついてこられなくなる。自分の発言には責任を持つ。

怒鳴る

感情的に怒りをぶつけると、部下が萎縮して、職場の雰囲気が悪くなる。常に冷静でいることを心がける。

部下を助けない

困っている部下を助けるのも上司の仕事。冷たい上司にはだれもついてこない。

上司に媚びる

目上の相手には敬意を示さなくてはならないが、「媚びへつらっている」と思われると部下に信頼されない。

基本的な事柄をしっかり守ることが
部下の信頼を得るための第一歩

3-14

部下を感情的に叱ってはダメ

叱り方の基本

▼部下を責めることが目的ではない

部下を叱るのは上司の大事な仕事のひとつです。しかし、叱り方を間違えると、部下の信頼を失ってしまうので、注意が必要です。

たとえば、ミスをした部下を感情的に怒鳴りつけるような叱り方は、いい叱り方とはいえません。部下を必要以上に傷つけ、萎縮させてしまいます。**何がダメだったのか、同じ失敗をしないためにはどうするべきなのかを理性的に伝えましょう**。相手の人格を否定するような発言もＮＧです。

叱るのは、相手を成長させるためです。部下を責めることが目的になってしまわないように注意しましょう。キツイ言い方をしてしまった場合は、最後にフォローの一言を加える気遣いも必要です。

また、相手に言い分がある場合はしっかり聞きましょう。自分の言い分を聞いてもらえず、頭ごなしに叱られたら、部下は納得してくれません。

叱り方のポイント

注意点や改善点を理性的に伝えよう

高圧的にならない

感情的になったり、怒鳴ったりすると部下は萎縮してしまう。何がいけないのか、次はどうすべきなのかを冷静に説明することが大切。

性格や生き方を否定しない

その人自身を否定するような叱り方をするのは絶対ダメ。「この人は自分のことが嫌いなんだ」と思われると、信頼を失う。

相手の言い分を聞く

頭ごなしに叱らない。言い訳のように思えても、相手に言い分があるなら全部聞く。その上で、何を改善すべきなのかを伝える。

大勢の前で叱らない

大勢の前で叱ってしまうと、部下のプライドが大きく傷つくし、職場のムードもピリピリしてしまう。もちろん、客の前で叱るのもダメ。

叱ったあとはポジティブな一言を

叱ったあと、「まあ、ミスはあったけど、プレゼンの内容自体は素晴らしかったよ」などとポジティブな言葉で終わると、相手はネガティブなイメージを引きずらずにすむ。

3-15

部下に仕事を与えるときの注意点は？

曖昧な指示では成果が出ない

▼必ず締め切りを設定する

上司として部下に仕事を与える際には、5W3H（P106参照）を意識して、なにをすべきかを具体的に指示しましょう。その際、部下が持っている経験や知識を考慮して、相手によって伝える内容を変えるのがポイントです。若手社員には仕事のやり方を事細かく説明し、アドバイスもすべきですが、ベテラン社員に対して一から十まで話すのは時間の無駄です。

仕事を与えたあとは、ときどき進捗を確認しましょう。トラブル防止になりますし、部下の仕事ぶりに興味を持っていることを伝えられます。

また、仕事の効率を上げるために大切なのが、締め切りを設定することです。**締め切りがない仕事は、後回しにされやすく、終わるまでに余計な時間がかかってしまいがちです**。簡単な仕事だと、締め切りを設定せずに「これ、やっといて」というふうに任せてしまいがちですが、ちょっとした仕事でも、しっかり締め切りを設定するようにしましょう。

部下に仕事を頼む場合は締め切りを設定しよう

締め切りがない場合

課長に提出する資料を作らなきゃいけないけど
まあ、今日は疲れたからやらなくていいか

**さまざまな理由をつけて後回しにされやすく
終わるまでに余計な時間がかかる**

締め切りがある場合

今日中に完成させなくちゃ！

**義務感や緊張感が強まり
集中して仕事をするため早く終わる**

3-16

有給休暇をとるときは時期を考える

有給休暇のとり方

▼繁忙期はなるべく避ける

有給休暇は、趣味の時間に充てたり、時間がなくてとりかかれなかった用事をすませたりする際にとても役立ちます。積極的に活用したいところですが、有給休暇をとる場合は、会社に与える影響もよく考えたいところです。

肝心なのは、有給休暇をとるタイミングです。なるべく繁忙期を避け、休んでも業務にあまり支障が出ない時期を選ぶのが社会人としてのマナーと言えるでしょう。長期休暇をとる場合は、あらかじめ上司と相談して、自分が考えた休暇の日程に問題がないかを確認します。**長期有給休暇の申請は、1ヶ月ほど前に行うのが一般的です**。

有給休暇をとることが決まったら、休暇中に業務が滞らないように、引き継ぎをしたり、取引先に連絡をしたりします。

なお、有給休暇の申請については会社によって細かなルールが異なるので、事前に確認しておきましょう。

長期有給休暇のとり方

自分が休むことで会社に与える影響を考える

上司に相談する

長期休暇をとって問題ないかを、上司に確認する。休暇の時期をずらしてほしいといわれたら、できる範囲で対応する。

繁忙期を避ける

繁忙期に有給休暇をとると、現場の負担が大きい。業務の状況を見ながら、なるべく、休暇の影響が少ない時期を選びたい。

前もって申請する

長期休暇の申請は1ヶ月くらい前に行う。いつまでに申請すればよいかは会社によって異なるが、直前に申請するのはマナー違反。

休暇中のケア

休暇中の業務に支障が出ないように、仕事の引き継ぎをしたり、取引先に自分の代理となる人物を紹介したりしておく。

有給休暇の理由は?

有給休暇は労働基準法第39条で認められた労働者の権利。とる際に、わざわざもっともらしい理由を考えたり、ウソをついたりする必要はない。

コラム

苦手な相手とは どう付き合えばいい?

仕事をする上で関わる人は、うまく付き合える相手ばかりではありません。考え方があわなかったり、話があわなかったり、付き合いづらい苦手な相手というのは必ずいるものです。

苦手な相手とうまく付き合うコツは、相手と会話する機会を増やし、相手の性格や価値観、考え方をよく知ることです。相手のことをよく知れば、苦手だと思っていた原因が誤解だったとわかるかもしれませんし、付き合い方のヒントが見えてくるかもしれません。

また、相手に明らかな非がある場合、たとえば相手がセクハラまがいの言動をしてくるような場合は、まず、自分が不快に感じていることをはっきりと伝えることが大切です。自覚がなく問題行動をとっている人は少なくありません。本人に伝えても改善されなければ、上司と相談して対応を話し合いましょう。

付き合いづらい相手とは関係を深めず、一定の距離を保って付き合う、というのもひとつの方法です。チーム全員が仲良く働けるのが理想ですが、苦手な相手と無理に仲良くならなくても、仕事としてやるべきことがきちんとできていれば業務に支障はきたしません。

第４章

相手に好印象を与える社外・接客のマナー

4-01

真っ先に覚えるべき名刺交換のマナー

目下の人が先に名刺を渡す

▼初対面の印象を左右する名刺交換

名刺を交換してお互いを紹介しあう名刺交換は、ビジネスパーソンにとってとても重要な習慣です。名刺交換のマナーを知らないと、初対面の印象が悪いまま付き合いがはじまることになるので必ず覚えておきましょう。

名刺交換では、目下の人が先に、会社名、部署名、自分の名前を名乗りながら名刺を渡すのがマナーです。相手が同時に名刺を差し出してきた場合でも、自分が目下なら、なるべく名刺を先に渡してから相手の名刺を受け取るようにしましょう。そして受け取るときは両手で受け取ります。

また、名刺交換のあとにそのまま打ち合わせを行うような場合は、受け取った名刺をすぐにしまわず、名刺入れの上に乗せて、テーブルの上に置いておくのがよしとされています。なお、置く場所は自分の左前です。名刺に書かれた情報をもとに「渋谷にお住まいなんですね」などと軽い雑談をしてから本題に入ると、スムーズに会話が進みます。

名刺交換の際に気をつけるポイント

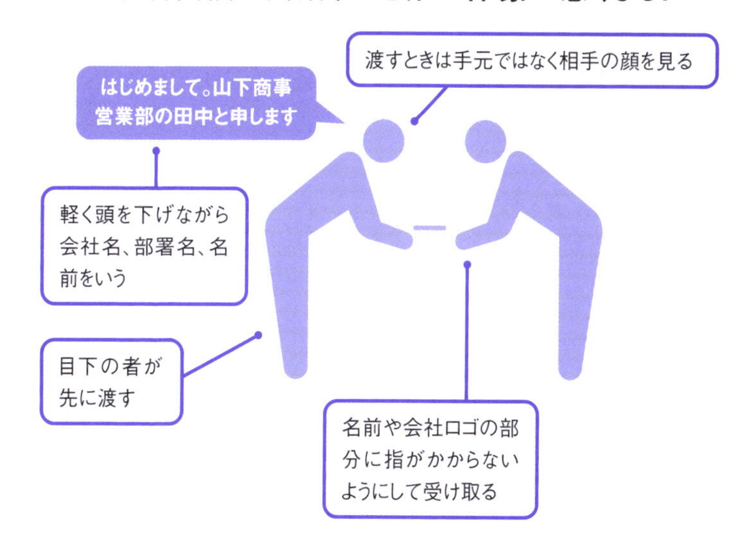

名刺交換時のNG行動

テーブル越しに渡す

名刺交換はテーブル越しにならないように行うのが礼儀。もちろん、椅子に座ったまま行うのもダメ。

片手で受け取る

名刺を片手で受け渡しすると横柄な態度にうつる。相手が片手で渡してきたとしても、両手で受け取ろう。

名刺にメモを書く

相手の名刺をメモ帳代わりにするのは大変失礼。書いておきたいことがあるなら、相手と別れたあとに。

4-02

わかりやすい自己紹介を考えよう

自己紹介のポイント

▼名前を覚えてもらうために

はじめて会った仕事相手に自己紹介をする場合は、とにかく自分の名前を覚えてもらうことを意識しましょう。「田中圭佑です。よろしくお願いいたします」だけでも悪くはないのですが、できればもう少し気の利いた自己紹介をした方が名前を覚えてもらいやすくなります。

たとえば、**趣味や出身地、特技などに関する一言を加えると、自分の特徴を印象付けやすくなります**。「野球が好きで、月に一度くらい草野球をやっています」といえば、「野球好きの田中さん」というふうに覚えてもらいやすくなるはずです。

また、名前の漢字が間違われやすい人は、「本田圭佑の圭佑です」と、有名人を例に出して漢字を説明しておくのもいいでしょう。

気をつけたいのは、自己紹介が長くなりすぎないようにすることです。自分の特徴を表す簡潔な一言を付け加えて、自分なりの自己紹介を考えましょう。

自己紹介で名前を覚えてもらうには?

基本情報だけでは印象に残らない

自己紹介が長すぎると逆に印象が悪くなる

営業部の田中です。私は宮城県で生まれ、子どものころから好奇心旺盛な性格でした。18歳のときに留学をして……
な、長い…

基本情報に一言付け加えるくらいがちょうどいい

4-03

社外の人と話すときは呼称に注意

社内と社外で変わる呼び方

▼社外の人に対しては上司も呼び捨て

社外の相手と話す場合、気をつけたいのは、上司や同僚の呼称です。**社内では部長のことを「斉藤さん」とか「斉藤部長」と呼んでいたとしても、社外の相手と話すときは敬称をつけてはいけません**。「弊社の斉藤さんが……」ではなく、「弊社の斉藤が……」と呼び捨てにするのが正解です。なお、自分の会社のことは「弊社」「当社」、相手の会社のことは「貴社」「御社」といいます。覚えておきたいのは、名前のあとにつける役職名も敬称の一種だということ。したがって、「斉藤部長が……」という言い方はNGですが、「部長の斉藤が……」という言い方はOKです。

また、社外の人に対する呼称は名前のあとに「様」か「さん」、もしくは役職名をつけるのが基本です。「○○部長様」という言い方は二重敬語になるため、正しい呼称とはいえません。

社内での呼称については特に決まりはありませんが、迷った場合は、役職や先輩・後輩に関わらず、「さん付け」にしておけば間違いありません。

社外の人と話すときの注意点

自社の人間に敬称をつけるのは間違い

うちの山下社長の話ですと、今回のプロジェクトは予算度外視で進めていいということです
入社したばかりの新人さんなのかな?
呼称を間違えると半人前だと思われてしまう

上司でも呼び捨てにするのが正解

社長の山下の話ですと、今回のプロジェクトは予算度外視で進めていいということです
なるほど。失敗は許されませんね

4-04

電話が鳴ったら3コール以内にとる!

電話の受け方

▼電話対応でビジネスマナーが身につく

「職場にかかってきた電話の対応は新人の仕事」というルールを設けている会社はたくさんあります。これは、どんどん電話をとることで取引先との関係や仕事の流れなどを覚えられる、新人は比較的手が空いている、などいくつかの理由がありますが、ビジネスマナーが身につく、というのもそのひとつです。一日に何度も電話をとるとなれば、言葉遣いをはじめとするさまざまなビジネスマナーがより重要になるのです。

電話対応の基本は、相手を待たせないこと。電話が鳴ったらなるべく早くとりましょう。3コール以内が目安です。3コール以内にとれなかった場合は「お待たせして申し訳ありません」と一言述べてから、会社名、部署名、自分の名前をいいましょう。職場によっては会社名だけ名乗る場合や、部署名を省く場合もあります。そのあとは相手の用件を聞いて、質問に答えたり、電話を取り次いだり、伝言を預かったりします。電話での会話は、普段より少し大きい声で話した方が言葉を聞き取りやすくなり、自分の印象もよくなります。

電話対応のポイント

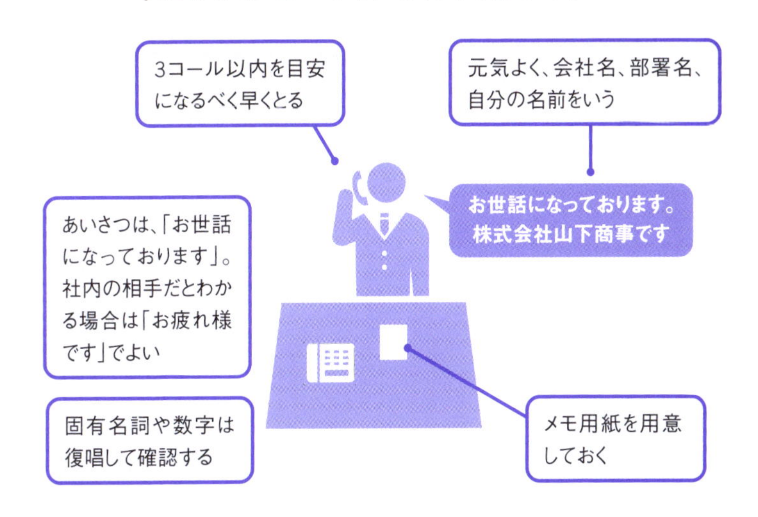

電話対応の例	
電話を取り次ぐとき	電話を代わりますので少々お待ちください
名指し人が不在のとき	田中は出かけておりまして、16時ごろには戻る予定でございます
言葉が聞き取れなかったとき	恐れ入りますが少しお電話が遠いようなので、もう一度お願いいたします
資料などを確認してから返答したいとき	ただいま調べますので、少々お待ちいただけますでしょうか

4-05

電話をかけるときは時間帯を考えよう

電話をかけるときの注意点

▼準備を整えてからかける

電話をかけるときは、簡潔に用件を伝えなくてはいけません。時間がかかれば、それだけ相手の時間を奪うことになります。**電話をかける前に頭の中で用件をまとめ、必要な書類があれば用意しておきます**。慣れないうちは、いわなければならないことを紙に書いておくと、落ち着いて話ができます。

また、時間帯もよく考えなくてはいけません。忙しい始業直後や、昼休み、終業間近以降はなるべく避けましょう。

電話がつながったら、自分の名前を名乗って、「いつもお世話になっております」とあいさつしてから、話したい相手の名前を伝え、電話を代わってもらって用件を伝えます。相手が外出中の場合は、戻る時間を聞いて、こちらからかけ直すように伝えましょう。

電話はかけた方が先に切るのが原則ですが、相手が目上の場合は、相手が切るのを待ってから切るのが一般的です。もちろん、切る気配がなければこちらから切ってかまいません。

電話をかける際のポイント

きちんと準備をして、忙しい時間帯を避ける

準備をしてからかける

電話をかけるときは、なるべく短時間で用件を伝えるのが礼儀。電話をかける前に、用件をどう伝えるかをシミュレーションしておく。

適切な時間を選ぶ

営業時間中にかけるのが原則。また、営業時間中でも、始業直後、お昼休み、終業直前の3つの時間帯はなるべく避ける。

かけた方から切る

話し終わったら、自分から電話を切る。急いで切ったという印象を与えないように注意。相手が目上なら、相手が切るのを待った方が丁寧。

相手が不在ならかけ直す

かかってきた電話で自分の用件を話すのはマナー的にあまりよくないので、相手が電話に出られない場合は、後ほどかけ直すのが基本。

携帯電話にかけてもいい?

相手から「携帯電話にかけてください」といわれている場合以外は、急ぎの用件でなければ携帯電話ではなく会社の電話でかけるべきだ。

4-06 電話、メール、FAXを使い分ける

情報伝達手段の選択

▼急ぎの用件でなければメールで伝える

社外の相手と連絡をとる手段として代表的なものは、電話、メール、FAXの3種類です。相手や状況に応じて、これらの連絡手段を適切に使い分けることも、仕事をスムーズに進めるひとつのコツです。まずは各ツールの特徴をおさらいしておきましょう。

電話は、リアルタイムで会話ができるのが長所ですが、その間、相手を拘束することになります。メールは、受け取った相手が好きなタイミングで読むことができ、画像や文書を添付できる点も便利ですが、緊急の用件には向きません。

FAXもメールと同じく、受け取った相手が好きなときに読め、手書きの地図などを書いて送ることもできます。

基本的に、**急ぎの用件でなければメールで伝えるのが一番いいでしょう**。急ぎの用件や、メールでは細かいニュアンスを伝えられない場合は電話を使い、手書きの図などを送りたい場合はFAXを使いましょう。

おもな連絡手段の特徴

電話

- 用件をリアルタイムで伝えられる
- 細かいニュアンスも伝えやすい
- 相手に電話対応の手間をとらせる

メール

- 相手が好きなときに読める
- データを添付することができる
- 相手が読むまで用件が伝わらない

FAX

- 相手が好きなときに読める
- 手書きの情報を簡単に送れる
- 相手が読むまで用件が伝わらない

人によって連絡手段に好き嫌いがあることも…

メールですませられる用件で電話してこられるのが嫌いな人もいれば、簡単な用件でも電話するのが礼儀だと考えている人もいる。相手にあわせて柔軟に対応することが大事。

4-07

ビジネスメールは簡潔に！

ビジネスメールの送り方

▼要点を短くまとめる

メールは非常に便利なコミュニケーションツールです。ただし、文章だけで情報を伝えるため、使い方を間違えると冷たいイメージになったり、逆に慇懃無礼で回りくどいイメージになったりするので、十分注意しなくてはなりません。

メールを作成する際のポイントは、最低限の礼儀を守りながら、簡潔に用件を伝えることです。堅苦しいあいさつは省略して、「お世話になっております」と簡単なあいさつをして本題に入るのが一般的です。また、長文のメールは相手に迷惑なので、できるだけ短くまとめましょう。本文の最後には会社名や部署、連絡先を書いた署名を必ず入れます。署名はあらかじめメールソフトに登録しておき、自動で挿入されるように設定しておきましょう。

また、メールを送ったのに相手が気づかなかった、ということはしばしば起こるので、大事な用件をメールで伝える場合は、なるべく電話連絡も行いましょう。電話ができない場合は、件名に【至急】【重要】といった文言を入れるのがおすすめです。

メール作成時のポイント

CC欄にアドレスを追加すると、同じメールを別の相手にも送ることができる。CC欄のアドレスを他の送信相手に見せたくない場合はBCCを使う

社名は（株）などで省略しない

適度に改行し、読みやすいレイアウトを心がける

最後に署名を入れる

宛先	佐々木様 <aaaaa@bb.co.jp>
CC	山田様 <aaaaa@bb.co.jp>
件名	商品Aのパンフレットです

○○株式会社 営業部
佐々木様

いつもお世話になっております。
○○商事営業部の田中です。

先日お話しした商品Aのパンフレットが完成しましたので
送付いたします。

ご確認よろしくお願いいたします。

=======================================
株式会社○○商事　営業部
田中 一郎
〒999-9999　東京都○○区○○○○
一ツ橋ビル2F
Tel 03-00000000／Fax 03-00000001
e-mail aaaaa@bb.co.jp

こんなビジネスメールはやめよう！

件名が曖昧

件名はなるべく具体的に。「よろしくお願いします」のように、内容がわからない件名はダメ。

文字化けする

半角カタカナや、①②③などの特殊記号は文字化けする可能性があるため、使わないようにする。

HTMLメール

HTMLメールはテキストメールよりも多彩な表現ができるが、一般的にビジネスメールでは使用しない。

4-08

ＦＡＸで機密書類を送ってはダメ！

ＦＡＸ送信時のマナー

▼だれが受け取るかわからない

ＦＡＸは、手書きの地図や原稿の修正指示などを送る場合にとても便利です。ただし、メールと違って、ＦＡＸはだれが受け取るかわかりません。そのため、機密情報を伝える用途には適していませんし、他人に読まれると困るような個人情報も書かないようにしましょう。

一般的に、ＦＡＸを送る場合は、**１枚目に送信枚数と送付文書の内容を記載した送付状をつけ、すべての用紙に通し番号を記載します**。会社に規定のＦＡＸ送付状がある場合は、それを利用しましょう。

また、ＦＡＸは細かい部分がつぶれたりかすれたりして読み取れなくなる場合があるので、文字が小さくなりすぎないようにし、図や画像もなるべく大きくしましょう。

なお、通信エラーや先方の紙詰まりなどによって、ＦＡＸがきちんと届かない場合があります。ＦＡＸを送る場合は電話やメールでの連絡もあわせて行うようにしましょう。

FAX送信時の注意点

受信側の都合をよく考えてから送ろう!

小さい文字を使わない

手書きする場合は、大きめの文字で、しっかり濃く書く。当然ながらシャープペンは不可。画像や図も小さくならないように注意。

機密書類は送らない

だれに読まれるかわからないため、機密書類は送らない。自分や相手の個人情報も、必要なもの以外は書かないようにする。

通し番号を入れる

「1/3」「2/3「3/3」というように、順番がわかる形ですべての用紙に通し番号を入れる。何枚送られてきたか、受け手側が把握しやすくなる。

何枚も送るときは事前に確認

FAXを大量に送ると、相手方の業務に支障が出る可能性があるため、これから送っても問題がないかを事前に確認しておく。

電話かメールで連絡しておく

通信障害や先方の紙詰まりなどの理由で、正常に送受信が行われないことがあるため、FAX送信の前後に電話かメールで連絡した方がいい。

4-09

適当な返答はトラブルのもと

曖昧な知識で対応すると…

▼慎重な対応を心がける

取引先の相手と話すときや接客時の対応で失敗しやすいケースのひとつが、自分の立場では答えがわからない質問をされた場合です。一番よくないのは、答えがわからないまま適当に答えてしまうことです。

曖昧な知識で返答すると、それが間違っていた場合、トラブルにつながってしまいます。たとえば、断言するのを避けて、「おそらく〜〜だと思います」というふうに答えたとしても、相手はそれが正しい答えだと受け取るかもしれません。そうすると、その情報が間違っていたらやはりトラブルにつながります。

質問の答えがわからない場合は、「私ではわかりかねるので、上司に確認して後ほどご連絡いたします」などと対応するのが正解です。

もしくは「申し訳ありません。私ではわかりかねます」と回答を避けてもかまいません。曖昧な情報を伝えるよりは、回答しない方がベターです。

自分にはわからない質問をされた場合

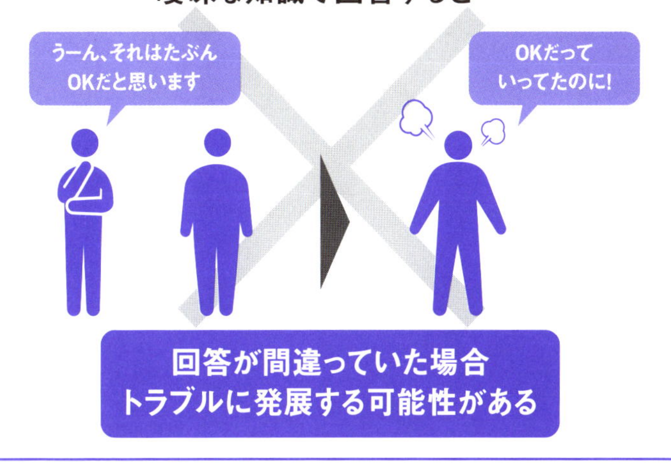

4-10

個人宅訪問は細心の注意を払う

謙虚な気持ちを忘れずに

▼用件を手短に話して長居しない

仕事で個人宅を訪れる場合は、いつも以上の気配りが必要です。当然ながら、玄関に入る前にコートを脱ぐ、家に上がる際に靴を揃えるといった基本マナーはきっちり守らなくてはいけません。訪問する時間も、家族の状況などを考慮して、なるべく相手の都合のよい時間を選びます。また、約束の時間に遅れるのは論外ですが、早すぎるとまだ準備が整っていないかもしれません。**時間ぴったり、もしくは2、3分遅れて訪問するようにします**。

また、ちょっとした手土産を持参して訪問すると印象がよくなるので、自社の近くの店で買っておきましょう。相手の家の近所で買った手土産では気持ちが伝わりません。

家の中に入ったら、少し雑談をしてからすみやかに本題に入ります。長居するのは禁物です。相手がおしゃべり好きで、話が盛り上がった場合などは滞在時間が多少長くなるのはしかたありませんが、「お話が楽しくてついつい長居してしまいましたが、お時間大丈夫でしょうか？」といった一言は必要でしょう。

個人宅訪問のポイント

相手の家族への気遣いも忘れずに!

訪問時間を考える

相手の家族の都合なども考えて、なるべく邪魔にならない時間を選んで、約束の時間ぴったりか、2、3分遅れで訪ねる。

謙虚な姿勢を示す

家の中では、相手のプライベートな空間にお邪魔しているという意識を忘れず、常に謙虚にふるまう。少しでも図々しいと思われたらアウト。

基本的な礼儀を守る

畳の縁や敷居、座布団を踏まないといった基本的な礼儀を守ることはビジネスマナー以前の問題。体臭や靴下の匂いなどにも気をつける。

長居しない

仕事以外の話は控えめにして、手短に用件を話し、長居しないのが基本。相手が話好きで、家族にも迷惑でないようなら多少の長居はOK。

手土産は何がいい?

手土産は、お菓子やスイーツが無難。アイスなど、すぐに冷蔵庫に入れる必要があるものは玄関先で渡し、それ以外のものは家の中に入ってから渡す。

4-11

接待の場では気配りが命！

接待相手を喜ばせるには？

▼テキパキ動いて場を盛り上げる

接待は、仕事相手との関係をぐっと深めることができる重要な場です。相手には肩の力を抜いて参加してもらうべきですが、接待する方は、仕事の一環という意識を忘れずにしっかりもてなさなければなりません。

接待では、とにかく相手に楽しんでもらうことが大事です。**グラスのお酒が少なくなっていればすぐにお酌をする、取り皿が足りなければすぐ用意するなど、相手に気を遣わせないように積極的に動きましょう。**

会話も、相手の好きな話題を中心にして、相手にたくさん話してもらうようにします。仕事の話が出た場合は、堅苦しくならず、笑顔で話すようにしましょう。具体的な仕事の話は、接待ではなく、後日、別の場を設けてすべきです。

また、適度にお酒が入った方が会話が弾みますが、飲みすぎは失敗のもとです。相手にお酒を飲ませすぎるのもマナー違反です。相手の体調は十分に気遣わねばなりません。

接待での失敗パターン

お酒を飲みすぎる

席次を間違える

料理がおいしくない

4-12

接待されるときも気遣いを忘れずに

接待されるときの注意点

▼仕事という意識を忘れずに

業種によっては、取引先から接待される側になることもよくあります。接待を受ける場合は、場を設けてくれた相手に感謝しながら、にこやかに過ごすようにしましょう。ビジネスライクにならずにいろんな話をすることで、その後の付き合いも円滑になります。**表情が硬かったり、口数が少なかったりすると、相手に余計な気を遣わせてしまいます**。もちろん、調子に乗って自社の機密情報を話したり、横柄な態度をとったりするのは禁物です。

接待の際に仕事の話になったときは少し注意が必要です。その場の空気に流されて、新しい仕事を安請け合いしたりすると、後悔することになりかねません。契約の話になったら、「それはいいですね。あとで上司と相談してみます」などと返して、その場でOKを出さないようにしましょう。

節度を守るためには酒量をセーブすることも大事です。「相手がどんどん飲んでくださ い」と勧めてきても、飲み過ぎだと思ったらしっかり断りましょう。

接待されるときの注意点

横柄な態度をとらないように！

感謝の気持ちを示す

相手に感謝の気持ちを伝える。「ありがとうございます」というだけでなく、店や料理を褒めることも、相手に感謝を示すことになる。

積極的に話す

接待中はどんどん会話をして、お互いの仲を深める。口数が少ないと、相手に余計な気を遣わせる。ただし堅苦しい話はふさわしくない。

安易に約束事をしない

いたれりつくせりのおもてなしを受けて、気分がよくなっていても、仕事の話になったら慎重に返答する。場の雰囲気に流されてはダメ。

高価なものは受け取らない

手土産をもらうのはよくあることだが、相手が過度に高価な手土産を用意していた場合は、感謝の気持ちを伝えて丁重に断った方が無難。

料理の追加は自分からしない

料理や飲み物の追加注文は相手に任せるのがマナー。「何を飲みますか?」などと聞かれてから答えよう。接待の料金は相手が支払うということを忘れずに。

4-13

手紙の書き方を知っておこう

手紙には人を動かす力がある

▼心が伝わるコミュニケーションツール

ビジネスではいろいろなコミュニケーションツールが使われます。手紙もそのなかのひとつです。手紙は、特別な思いを伝えたいときにはとても有効な手段なので、ぜひ書き方を覚えておきましょう。

手紙は通常、頭語、あいさつ、本題、結語、という流れで書きます。頭語は「拝啓」「謹啓」といった言葉のことで、結語とセットで使います。冒頭のあいさつは、時候のあいさつに、相手の繁栄を祝う言葉を加えるのが一般的です。

あいさつのあとは、「さっそくですが、先日お問い合わせいただいた件について……」などという感じで本題に入り、「ご多忙とは思いますが、お返事を賜りますようお願い申し上げます」などと締めの一文を書いて、結語で終わります。

手紙は字のきれいさも重要です。なるべく丁寧に、全体のバランスを考えながら書いていきましょう。字が下手なら、上手な人に頼んで代筆してもらうのも手です。

手紙を書くときの定番フレーズ

頭語と結語		
用途	頭語	結語
一般的な手紙	拝啓	敬具
ていねいな手紙	謹啓	敬白
急用の手紙	急啓	草々

時候のあいさつ	
1月	初春の候　新春の候　厳寒の候
2月	立春の候　余寒の候　晩冬の候
3月	早春の候　浅春の候　春雪の候
4月	春暖の候　陽春の候　晩春の候
5月	新緑の候　薫風の候　若葉の候
6月	初夏の候　梅雨の候　麦秋の候
7月	盛夏の候　猛暑の候　大暑の候
8月	晩夏の候　残暑の候　秋暑の候
9月	初秋の候　新秋の候　新涼の候
10月	仲秋の候　秋涼の候　紅葉の候
11月	晩秋の候　向寒の候　初霜の候
12月	初冬の候　師走の候　寒冷の候

時候のあいさつに続ける言葉
貴社ますますご盛栄のこととお慶び申し上げます
平素は格別のご高配を賜り、厚く御礼申し上げます

締めの言葉
変わらぬご愛顧のほど、よろしくお願い申し上げます
時節柄くれぐれもご自愛のほどお祈り申し上げます

コラム

お見舞いにいくときに覚えておきたいルールとマナー

親しく付き合っていた仕事相手が怪我や病気で入院したら、お見舞いにいって元気付けてあげたいと思うものですが、お見舞いのルールとマナーを知らずに訪問すると、かえって迷惑になる場合があります。
お見舞いにいくときは、本人や家族にお見舞いにいっていいかを確認してから訪問するのがマナーです。入院直後や手術の前後、容体が不安定な時期にお見舞いをするのはやめましょう。

お見舞いにいっても問題ないようなら、手土産を用意します。仕事関係の相手の場合、手土産の相場は5000円～1万円くらいです。花や果物、本などが定番ですが、鉢植えの花は「根付き」から「寝付く」を連想させ、お見舞いの手土産としてはタブーとされています。また、食べ物を持っていく場合は、相手の病状をよく考えなくてはいけません。

長居すると相手や同室の患者の迷惑になるので、滞在時間は15～20分ほどにとどめましょう。会話はなるべく明るい話題を選び、病状を詳しく聞いたり、ネガティブな発言をしたりするのはNGです。仕事の話もあまりしない方がいいでしょう。

第５章

利便性と安全性を両立！ ＩＴ機器・サービス利用のマナー

5-01

ＩＴ端末には必ずロックをかけよう

情報漏洩の危険性を理解する

▼セキュリティ意識を高める

仕事でＩＴ端末を使う際は、情報漏洩に十分気をつけなければいけません。情報漏洩にはさまざまなパターンがあり、どんなに気をつけていても起こってしまう可能性があります。「普通に使っていれば情報漏洩なんて起こらない」という程度の認識だと非常に危険です。

なによりも気をつけたいのは、モバイル端末の紛失です。ＩＴ端末を外で紛失してしまうと、会社がいくら高度なセキュリティシステムを導入していても意味がありません。ひとりひとりが高いセキュリティ意識を持つことが大切です。

社内のＩＴ端末は外へ持ち出さないようにし、ノートパソコンやスマートフォンは、パスワードを設定して自分以外が利用できないようにしておきましょう。万が一、紛失した際に他人が簡単に情報を見られないようにするためです。

また、メールやＦＡＸを送る際の宛先間違いも情報漏洩につながります。このようなうっかりミスをゼロにすることが、個人レベルで行う情報漏洩対策の基本といえます。

情報漏洩を防ぐための心がけ

セキュリティ意識を高め、うっかりミスをなくす

端末の持ち出しを控える

必要のないモバイル端末を持ち出さない。IT端末を外に持ち出す機会が増えるほど、紛失の可能性も増えてしまう。

端末にパスワードを設定する

仕事で使うモバイル端末には必ずパスワードを設定し、自分以外が使えないようにしておく。パスワードは安易に推測できないものにする。

メールの宛先は念入りに確認

メールやFAXを送る場合は、送信直前に宛先をもう一度確認する。宛先を間違えて第三者に送ってしまうと、情報が漏洩してしまう。

安易に個人情報を入力しない

怪しいWebサイトに個人情報を入力したことがきっかけで、情報が漏洩することも。信頼できないWebサイトでは大事な情報を入力しない。

5-02

データはわかりやすく管理する

ファイルの管理

▼デスクトップ画面は常にきれいに

パソコンのなかには膨大なデータを保存することができます。それらのデータをわかりやすい形で管理するのも重要なポイントです。どこに何があるのかが明確になっていないと混乱のもとですし、データの紛失や取り違えが起こりやすくなります。

データ整理の重要ポイントは、ファイルの名前とフォルダによる分類です。ファイルにわかりやすい名前がついていて、フォルダできちんと分類されていれば、目的のデータを簡単に探せます。フォルダは、「プロジェクト」フォルダのなかに各取引の名前をつけたフォルダを入れる、というように、ツリー構造を意識して分類しましょう。ファイルは、内容を表す言葉に年月日を加えた名前をつけるのがおすすめです。「案件A 見積もり20170123」（年・月・日）という感じです。

一時的に必要なデータを入れる「一時保存」フォルダや、作業中のデータを入れる「作業中」フォルダを作るのも、デスクトップ画面を整理するために有効な方法です。

ファイル管理のポイント

カテゴリごとにフォルダを作って規則正しく分類する

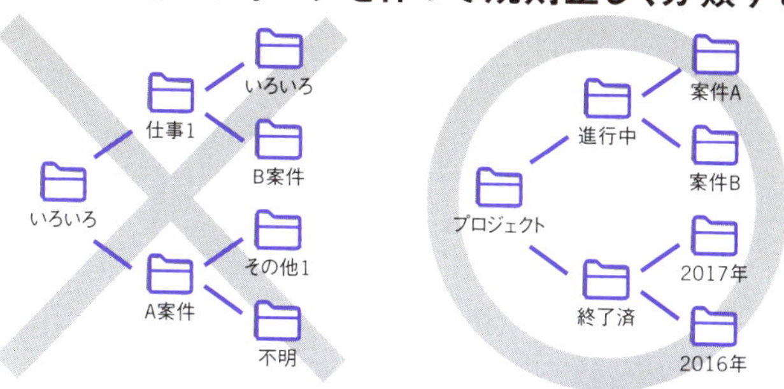

フォルダによる分類がめちゃくちゃだと目的のファイルを探すのに時間がかかる

ファイルの内容を簡潔に表す名前をつける

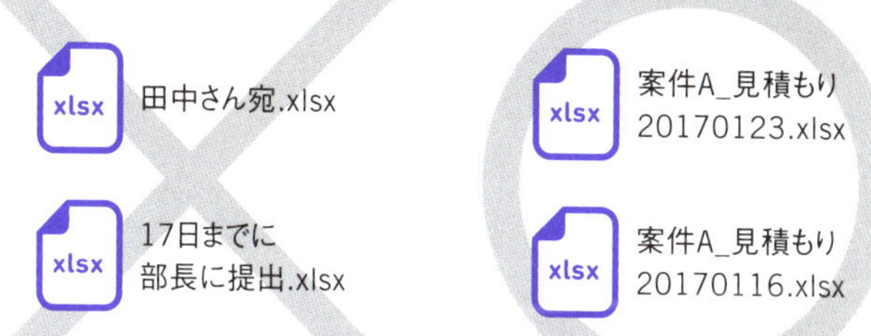

ファイル名に年月日を加えておくとファイルのバージョンが一目でわかる

5-03

ソフトは常に最新の状態にしておく

ウイルス対策の基本

ウイルスの感染を防ぐには？

ＩＴ端末を使う際はウイルス感染にも気をつけなくてはなりません。ウイルスに感染すると、ネットワークでつながっている同僚や、メールでやりとりする取引先にも被害が及んでしまいます。特に注意したいのは、メールです。知らない宛先から送られてきたメールの添付ファイルを開いたり、メールに記載されたＵＲＬをクリックしたりするとウイルスに感染する可能性があります。他には、信頼できないＷｅｂサイトでダウンロードしたファイルからウイルスに感染することもあります。

ウイルス対策の基本は使用ソフトをこまめにアップデートし、常に最新の状態にしておくことです。古いバージョンのまま使用していると、脆弱性をつかれて被害にあう可能性が高くなります。特にアンチウイルスソフトのアップデートは必須といえます。

私用の端末を業務に使用しないことも大事です。その端末がウイルスに感染していた場合、業務端末も感染してしまいます。

ウイルス感染のおもなパターン

ウイルスの感染経路をおさえておこう

添付ファイルを開くとウイルス感染する。URLを記載してウイルスを仕込んだWebサイトに誘導するパターンも。

Webサイト

便利アプリなどと偽ってウイルスファイルをダウンロードさせるWebサイトがある。

外部記録メディア

USBメモリや、CD、DVDのなかにウイルスが入っていると、パソコンに接続するだけで感染する可能性がある。

社内ネットワーク

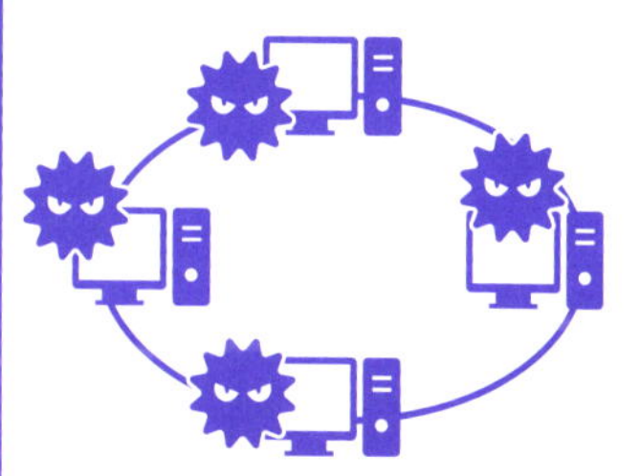

ネットワーク内の端末がウイルスに感染した場合、ネットワーク上の端末すべてに感染が広がるおそれがある。

5-04

パスワードの管理は厳重に！

パスワードの管理方法

▼パスワードがバレたら一大事

パスワードをしっかり設定することもセキュリティ上とても大切です。パスワードを設定する際は、ランダムな英数字を組み合わせると強度が高くなることを覚えておきましょう。「自分の名前＋好きな食べ物」など、意味のある言葉だけで構成されたパスワードは、簡単に破られてしまいます。もちろん、誕生日や会社名など、推測されやすい単語はパスワードに使うべきではありません。また、**複数の端末・サービスで同じパスワードを使い回すのはやめましょう**。漏洩したときの被害が大きくなります。

パスワードの管理方法はいろいろありますが、パスワードを付箋に書いて、デスクの周りに貼っておく、というのは論外です。来客に見られてしまうかもしれませんし、剥がれてどこかへいってしまう可能性があります。一番簡単なのは、紙に書いて鍵のかかった引き出しなどにしまっておく方法です。パスワードはそのまま書くのではなく、「逆さに書く」「先頭の文字と末尾の文字を入れ替える」などの一工夫をしておくと、より安全です。

パスワードの設定と管理

パスワードは覚えやすさより強度を重視しよう

パスワードの強度を上げる方法	
桁数を増やす	大文字、小文字、数字を混ぜて使う
意味のある単語を使わない	記号を使う

パスワードを紙にメモする場合は一工夫する

パスワード
abcdefg1234

メモ
4321gfedcba

万が一、他人に見られてしまっても
書き方を工夫しておけばパスワードが守られる

メモした紙は
鍵のかけられる
場所に保存しよう

5-05

SSL通信サイトを利用しよう

セキュリティ保護サイトの見分け方

Webサービスのなかには仕事に役立つものがたくさんあります。そしてそれらのなかには、登録時などに個人情報の入力を求められるものも少なくありません。

Webサイトで個人情報を書き込む際に必ずチェックしたいのが、そのWebサイトがSSL暗号化通信に対応しているか否かです。SSL暗号化通信に対応していれば個人情報を入力・送信しても問題ありませんが、非対応だと、第三者に覗き見られた場合、大事な情報が漏洩してしまう可能性があります。

▼URLをチェック!

そのWebサイトがSSL暗号化通信に対応しているか否かの確認方法は簡単で、Webブラウザのアドレスバーに表示されるURLを見るだけです。**URLのはじまりが「https://」ならSSL暗号化通信に対応していますし、「http://」ならSSL暗号化通信には対応していません。**また、SSL暗号化通信に対応している場合は、アドレスバーに鍵マークが表示されます。

SSL暗号化通信は安全性が高い

SSL暗号化通信ではない場合

http://～～～～

ふふふ、パスワードまで
丸見えだぜ

通信データが暗号化されていないため
第三者に盗み見られる可能性がある

SSL暗号化通信の場合

https://～～～～

通信データが暗号化されるため
第三者が盗み見ることができない

5-06

不用意なＳＮＳ投稿は炎上を招く

ＳＮＳの利便性と危険性

▼飲み会のあとは投稿しない

スマートフォンでTwitterやFacebookなどのＳＮＳを利用するのは、いまや当たり前になりましたが、ＳＮＳの利用にもマナーが必要です。仕事相手のプライバシーに関することや、自社の機密情報をＳＮＳに投稿すれば、当然ながら大きな問題になります。仲のいい友人と電話で話しているような感覚になって秘密の話を投稿してしまう、ということのないようにしましょう。特に注意したいのは、お酒を飲んでいる状態での投稿です。酔っ払っていると過激な投稿をしてしまいがちです。**匿名で利用していても、問題発言をすれば、投稿した文章や写真などから勤務先を特定され、ブランドイメージを損ねる可能性があります。**

また、公開範囲を限定して、知り合いしか見られない状態になっているからどんな投稿をしても大丈夫、と思っている人もいるかもしれませんが、それは間違いです。知り合いの投稿にコメントした場合は知り合いの公開設定が適用されますし、公開範囲を限定していない知り合いが、あなたの問題発言を面白がって引用して投稿してしまうかもしれません。

こんな投稿はやめよう!

匿名で利用していても、非常識な投稿はダメ!

個人情報

「今日、店に有名人の◯◯さんがきたよ!」

客や取引先のプライベートな情報を投稿するのは絶対NG。相手に大きな迷惑をかけ、自分の信用も会社の信用も失ってしまう。

機密情報

「あの商品は6月に新型が出るよ。まだ秘密だけど」

社員でなければ知らないような機密情報を投稿すると、SNS上でたくさんの反響を得られるかもしれないが、会社には不利益しかない。

誹謗中傷

「うちの上司、ほんと◯◯よく出世できたよな」

誹謗中傷を投稿すると、読んだ人を不快にさせるし、投稿者自身の人間性も疑われる。冗談で投稿するにしても、やりすぎはダメ。

ちょっとした気の緩みが大きな炎上につながる!

5-07

写真をSNSに投稿するときは慎重に！

画像アップ時の注意点

▼写真から個人情報が流出する場合がある

ＳＮＳの利用にはさまざまな注意点がありますが、特に気をつけたいのは写真の投稿です。基本的なマナーとして、他人が写っている写真を勝手にアップするのはＮＧです。不特定多数の人が閲覧するインターネットに自分の顔を公開したくない人はたくさんいます。

また、一枚の写真にはさまざまな情報が含まれているため、投稿者が気づかないまま、他人の個人情報を公開してしまうことがあります。たとえば、**付近の風景写真からそこの住所を特定することも場合によっては可能です**。意図せず知り合いの家の住所をバラすようなことにならないよう、写真を投稿する際は、個人情報流出やプライバシー侵害につながるものが写っていないかをしっかり確認しましょう。

スマートフォンで撮影できる写真もどんどん高画質になっており、最近ではピースサインなどの画像から指紋を読み取ってＩＴ端末の指紋認証をパスできるという話も出ています。近距離で写真をとるときは、頭に入れておく必要があるでしょう。

SNSに写真を投稿する際のNG行動

知り合いが写っている写真を勝手に投稿する

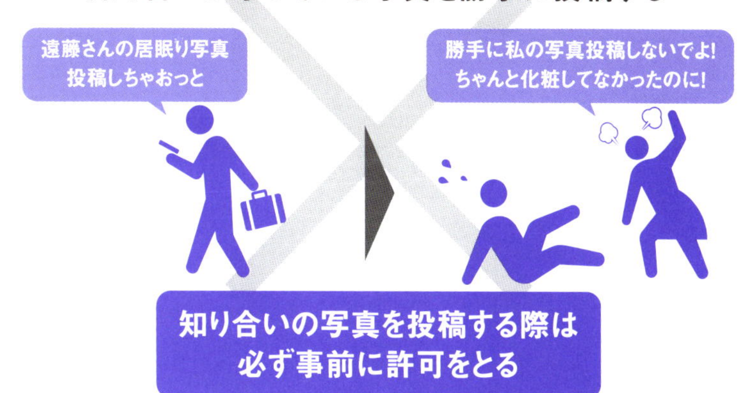

知り合いの写真を投稿する際は必ず事前に許可をとる

個人情報がバレるおそれのある写真を投稿する

何気なく投稿した一枚の写真が思わぬトラブルにつながることも…

5-08

大容量データのやりとりはどうする？

データの受け渡し方法

▼状況に応じて最適な方法を選択する

仕事相手にメールで大容量のデータを送るのはマナー違反です。**メールの添付ファイルは、最大でも3MB程度までにするのが常識的**でしょう。では、3MB以上のデータを送る場合はどのような手段を使うべきでしょうか。

もちろん、会社に大容量ファイルを共有・転送するためのシステムが導入されていれば、それを利用すれば間違いありません。そんなシステムが用意されていない場合の手段としては、インターネットを通じて大容量ファイルの受け渡しができるファイル転送サービスや、CDやDVDなどの記録メディアに保存して送る方法が考えられます。

ファイル転送サービスは、メールと同じくらいの短時間で大容量データを受け渡しできますが、セキュリティ面で十分注意する必要があります。記録メディアを送る方法は、確実ですが、メールやファイル転送サービスより時間がかかるというデメリットがあります。それぞれの特徴を踏まえ、状況に応じて適切な方法を選びましょう。

データの受け渡し手段

利便性とセキュリティを考慮して選ぶ

3MB以内が目安

メール

●すぐに受け渡しできる
●大容量データは無理

3MB以内までなら、たいていは問題なくやりとりできる。メールの容量制限は会社によって異なるので、あらかじめ確認しておくとよい。

ファイル転送サービス

●すぐに受け渡しできる
●大容量データにも対応
●セキュリティに不安が残る

無料のサービスはセキュリティに不安が残るため、重要なデータのやりとりには不向き。利用する際は必ずパスワードを設定したい。

記録メディアの送付

●時間がかかる
●配送料金がかかる
●情報漏洩の危険性は少ない

時間と費用はかかるが、情報漏洩の危険性は低い。重要なデータを送る場合は、インターネットを介した方法よりも安心できる。

データの受け渡しはどうしましょうか?

DVDで送ってくれればいいよ

事前に確認しておけば間違いがない

5-09

データは利用しやすい形式で渡す

相手の手間を減らす気遣い

▼ファイル形式ごとの特徴を知ろう

仕事相手に書類データを送る場合は、相手が利用しやすいファイル形式を用いるようにしましょう。

たとえば、テキストだけの文書であれば、テキスト形式（拡張子が「.txt」）がもっともシンプルで、サイズも軽くなります。他にも、書類データをやりとりする際は、ワード形式、PDF形式、エクセル形式など、さまざまなファイル形式が用いられます。それぞれのファイル形式には特徴があり、文書の種類によって使い分けないと相手に不要なストレスを感じさせることになります。

たとえば**社内でワード形式がよく使われているからといって、なんでもかんでもワードで送るのは不親切です**。ワードはテキスト形式に比べて多機能ですが、その分サイズが大きく、ファイルを開くのに時間がかかるため、嫌がる人も少なくありません。書類の性質もよく考慮して、最適なファイル形式を選ぶようにしましょう。

書類データのおもなファイル形式

一般的によく使われるのはワード、エクセル、PDFの3つ

テキスト形式(.txt)

文字情報だけのシンプルな形式。サイズが軽く、扱いやすいが、OSが異なると正しく表示されないケースがある。

リッチテキスト形式(.rtf)

テキスト形式に、文字色や文字サイズなどを指定できる形式。ビジネスシーンではあまり使われない。

ワード形式(.doc .docx)

書類作成ソフト「ワード」のファイル形式。画像を含む書類や、レイアウトが複雑な書類に向いている。

エクセル形式(.xls .xlsx)

表計算ソフト「エクセル」のファイル形式。表や数値データを含む書類におもに使われる。

パワーポイント形式(.ppt .pptx)

プレゼンテーションソフト「パワーポイント」のファイル形式。おもにプレゼン資料に利用する。

PDF形式(.pdf)

書類データの配布に適した形式。さまざまな書類で利用され、書類の内容は基本的に書き換えられない。

5-10 ネットの情報をそのまま使うのはNG

ネットの情報を上手に利用するには？

▼ネットだけを参考にしない

インターネットにはさまざまな情報があり、ちょっとした調べ物をするときにはとても便利です。仕事の資料を作るときなどに参考にしている人も多いでしょう。

しかし、ネットを信用しすぎるのは考えものです。ネットの情報の多くは、だれがどのような取材をして書いたものかわかりません。

あるＷｅｂサイトで興味深いアンケート結果が公開されていたとして、それは本当に信頼できるデータなのでしょうか。世間の実情とかけ離れた偏ったデータだった、ということも十分考えられます。プレゼン資料作成の際などに、そんな不確かなデータを参考にしてしまうと、説得力は大きく下がってしまいます。

ネットの情報を利用する際は、情報の発信元が信頼できる人物・団体かどうかを必ずチェックするとともに、新聞や書籍など、複数のメディアで情報の正しさを確認するようにしましょう。

ネットの情報を利用する際の注意点

ネットの情報を鵜呑みにしない

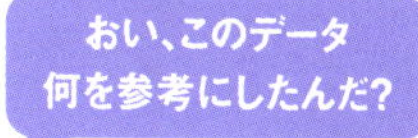

ネットで公開されていた
アンケートです

もっと信頼できる
データをもってこい!

**ネットにはさまざまな情報があるが、
信頼できるものは少ない**

ネットの文章や写真を勝手に利用しない

す、すいません…
もうしません…

**仕事の書類にネット上の文章や
写真を勝手に使うと大問題になる**

5-11 IT端末は処分するときにも注意が必要

IT端末の処分

▼捨てたパソコンから情報が流出することも…

自社の機密情報や取引先の個人情報をはじめ、重要なデータがたくさんつまっているIT端末は、処分するときも慎重に扱うべきです。適切な処理をせず、ネットオークションで他人に売ったりすると、大量の情報流出につながるおそれがあります。

知り合いに譲る場合も同様です。その知り合いがウイルスに感染してデータが流出してしまうかもしれませんし、知り合いがそのパソコンを別の人に売って、その人が情報を流出させるかもしれません。

IT端末を処分する際は、必ずデータを削除しなければなりませんが、覚えておきたいのは、**データを単純に削除しただけだと、復元できる**という点です。同じように、IT端末が壊れていて、起動しないような状態でも、データを取り出せる場合があります。

IT端末を処分する際には、信頼できる業者に引き取ってもらうか、データ削除用のフリーソフトを使って自分でデータを削除しましょう。

IT端末を処分するときのポイント

適切な処理をせずに処分すると…

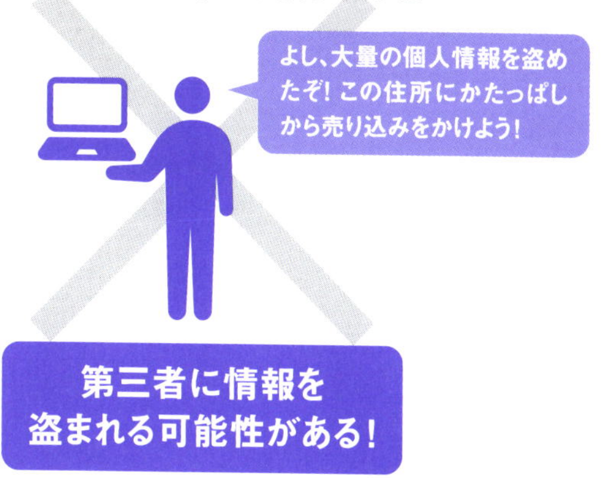

第三者に情報を盗まれる可能性がある!

専用ソフトでデータを削除し、信頼できる業者に任せるのが確実!

捨てる場合でも情報漏洩には十分注意する必要がある

コラム

大量の名刺を整理するには名刺管理アプリが便利

たくさんの名刺を管理するのも大事な仕事のひとつです。付き合う人の数が少なければ、ただ名刺入れに入れておくだけでも問題はないでしょうが、名刺の数が増えてくるとそれでは不十分です。

名刺管理の方法はいろいろありますが、大量の名刺を管理するためによく使われているのが、名刺管理アプリです。

名刺管理アプリを使えば、もらった名刺をスマホで撮影するだけで、デジタルデータに変換して保存できます。名刺に書かれた文字もテキストデータに変換でき、会社名や個人名で名刺を検索できるようになるため非常に便利です。「2年くらい前にお世話になったあの人に仕事を頼みたい」というような場合でも、すぐに相手の名刺を見つけることができます。

また、相手に関する情報をメモしておく、というのも名刺管理の大事なポイントです。相手の趣味や出身地、そのとき盛り上がった会話の内容などをメモしておくと、次に会ったときに役立ちます。相手の情報をきちんと覚えておくと好感を持たれますし、会うたびに同じ質問をしてしまうという失敗も防げます。

第6章

こんなときはどうすべき？ ビジネスマナーケーススタディ

6-01

重大な失敗をやらかしてしまった！

謝罪の基本

▼必ず上司に報告する

重要な書類を紛失してしまったり、大事な約束を忘れてしまったりするような大きな失敗は、だれでも一度は経験するものです。特に、取引先に迷惑をかけてしまうと大変です。自分のミスが原因で関係が途絶えてしまうと、会社に大きな損害を与えてしまいます。

ミスが発覚したら、なるべく早く上司に報告して、指示をあおぎましょう。大きなミスであれば、上司と一緒に取引先に足を運び、謝罪することになるはずです。自分の責任だからと、勝手にひとりで謝罪にいったりすると、事態を軽く見ていると思われて、状況が悪化する可能性があります。単独行動は禁物です。

菓子折りを持参して取引先に到着したら、謝罪の言葉を述べて、事の経緯や、ミスの理由、同じミスを繰り返さないための対策について説明します。大事なのは、**自分の非を認め、誠意を込めて謝ることです**。ミスの理由を曖昧にしたり、言い訳ととられるような発言をすれば、反省していないと思われ、許してもらえなくなります。

取引先に謝罪にいくときのポイント

自分の非を素直に認め、誠意を込めて頭を下げる

状況確認

ミスの責任が自分にどれくらいあるのか、被害はどの程度なのか、といったことがある程度わかっていないと、正しく謝ることができない。

上司への報告

ミスが発覚した時点ですぐに上司に報告する。取引先との関係は会社にとってとても重要。自分だけでは判断できない。

ウソをつかない

事の経緯を正直に話して、心を込めて謝る。自分の責任を軽くするために嘘をつくと、さらに取引先を怒らせることになりかねない。

手土産の用意

謝罪時の必須アイテムともいえる手土産は、菓子折りが定番。謝罪時の手土産は謝罪が受け入れられてから渡すのが一般的なマナー。

謝罪時のお辞儀の仕方

謝罪時は深々と頭を下げて最敬礼をする。腰を45度に折り曲げ、視線を足元に落とし、3秒ほどその姿勢をキープしてから頭を上げるのが正しいお辞儀の仕方。

6-02

顧客にクレームをつけられた！

クレームの対応

▼相手の話をしっかり聞く

クレーム対応は、経験の少ないビジネスパーソンにとって、難易度の高い業務のひとつです。対応を誤ると、顧客の怒りは増幅し、事が大きくなってしまいます。対応のミスをＳＮＳに投稿されれば、大炎上につながってしまうかもしれません。

クレームを受けたときは、相手を不快にさせたことについて、最初にしっかりと謝罪をしましょう。そして、相手の言い分をよく聞いて、新しい商品を送るなどの対処法を提案します。相手の言い分を否定したり、言い訳をしたりすると、相手の怒りが増すので、余計なことはいわず、相手に共感を示しながら話をよく聞きましょう。**話をしっかり聞くことで、誠意が伝わりますし、相手の怒りも少しずつ落ち着いていくはずです**。

どのような対処法を提案すべきかわからないときは、上司がいれば代わり、いなければ、連絡先と名前を聞いて、後日、連絡します。相手の話をしっかり聞かずに上司に代わったりすると、責任逃れをしようとしているととられる可能性があるので注意してください。

クレーム時のNG対応

謝罪しないのも、謝罪しすぎるのもダメ!

顧客を待たせる

「担当者を呼んでまいります」などといって、相手を長時間待たせてしまうと、その間に怒りがふくれ上がる。迅速な対応が肝心。

謝罪しない

たとえ相手の言い分がめちゃくちゃでも、相手を不快にさせたことについては謝罪する。謝罪せずに相手を納得させるのは難しい。

謝罪しすぎる

なんでもかんでも謝罪していると、逆に誠意が感じられなくなる上、こちらが悪くない事柄についてまで非を認めることになる。

感情的になる

相手の話が長くても、言い分が理不尽でも、感情的になってはいけない。こちらが怒ったり泣いたりすると、話し合いで解決できなくなる。

相手が興奮しているときほど
落ち着いて対応しよう

6-03

英語の電話がかかってきた！

「I don't speak English」ではダメ

▼落ち着いて相手の用件を聞く

電話に出たときに「Hello. I'm Mike」なんて英語が聞こえてきたら、たいていの人は少し動揺してしまうはず。英語が話せないにもかかわらず、英語の電話がかかってきたら、どのように対応すべきでしょうか。

英語の電話がかかってきたら、まずは落ち着いて相手の話を聞きましょう。「○○さんはいますか?」程度の内容なら、英語が苦手な人でもわかるはずです。相手が早口で英語が聞き取れない場合は、「Could you say that again?（もう一度お願いします）」や「Could you speak more slowly, please（もう少しゆっくり話していただけますか）」とお願いします。

ありがちなのが、電話に出てすぐに「I don't speak English」といってしまうケースです。これは相手とのコミュニケーションを拒絶することになるため、印象がよくありません。近くに英語が話せる人がいる場合は、「I'll get someone who speaks English（英語が話せる者に代わります）」といって電話を代わりましょう。

電話対応でよく使う英文を覚えておこう

「Could you～」「May I～」「please」を使うと相手に失礼のない丁寧な言い方になる

電話対応で役立つフレーズ	
Thank you for calling.	お電話ありがとうございます
May I ask who's calling, please?	どちら様でしょうか？
Who would you like to speak to?	だれにご用でしょうか？
I'll put you through to the person in charge.	担当者に代わります
○○ is not available right now.	○○はただいま電話に出られません
○○ is in a meeting right now.	○○はただいまミーティング中です
He/She will be back in an hour.	○○はあと1時間で戻ります
Should I have him call you back?	折り返しお電話いたしましょうか？
May I have your phone/contact number?	電話番号を教えていただけますか？
Just a moment, please.	少々お待ちください
I'll get someone who speaks English.	英語が話せる者に代わります
Would you like to leave a message?	ご伝言を承りましょうか？
I'm afraid you have the wrong number.	番号をお間違えではないですか？

6-04

同僚と恋愛関係になった

社内恋愛のマナーとは？

▼仕事中は同僚として接する

一緒に仕事をしている同僚と恋愛関係になることは、珍しいことではありません。しかし社内恋愛をする場合は、しっかりマナーを守らないと、周囲の迷惑になります。**もっとも重要なことは、恋愛関係を職場に持ち込まないことです**。

みんなの前でイチャイチャするのは論外ですし、相手の呼び方を変えたり、休憩中にふたりきりになったりするのも好ましくありません。仕事中は付き合っている相手を特別扱いせず、他の同僚と同じように接しましょう。また、相手と喧嘩をしていたとしても、仕事中は怒りや悲しみを引きずらないようにしなくてはいけません。

恋愛関係にあることを周囲に伝えるか否かは難しい問題ですが、いわなくてすむなら、わざわざいう必要はないでしょう。恋愛関係をオープンにすると、周りに気を遣わせ、職場の雰囲気がギクシャクする可能性があります。恋愛関係をオープンにするにしても秘密にするにしても、相手とよく話し合って決めることが大切です。

社内恋愛をする場合の注意点

仕事とプライベートはきっちり分ける！

仕事に集中する

仕事中は全力で業務に取り組む。休日のデートのことを考えてボーッとしたり、昨日のケンカのことを思い出してイライラしたりしないように。

相手を特別扱いしない

仕事中は恋人ではなく、同僚として接する。相手に対する好意が無意識のうちに出てしまわないように気を引き締めておく。

ふたりでルールを作る

仕事中は「さん付け」で呼ぶ、どちらかの家に泊まってそのまま出社するのは禁止など、職場でのルールを決めておくとよい。

別れ方にも気をつける

毎日顔を合わせる相手だけに、もしもケンカ別れしてしまうと、その後が非常に気まずくなる。なるべく円満に別れるようにしたい。

6-05

上司が理不尽なことばかりいう

困った上司との付き合い方

▼不可解な言動の理由を考える

上司が理不尽なことばかりいう困った人だったとしたら、部下はどうすればいいでしょうか。

原則として、部下である以上、上司のいうことには従わなくてはいけません。自分の心のなかで勝手に上司失格の烙印を押し、相手のいうことを適当に聞き流す……というような対応では、業務に支障をきたします。

困った上司と良好な関係を築くためには、まず、相手のことをよく知る必要があります。**上司と会話をする機会を増やしたり、上司と付き合いの長い先輩に若いころの話を聞いたりして情報を集め、上司がなぜ理不尽なことばかりいうのかを考えましょう。**

若いころに理不尽タイプの上司に成長させてもらったとか、あるいは夫婦問題でもめていて部下に八つ当たりしているだけとか、上司の不可解な言動には何か理由があるはずです。それがわかれば、上司との付き合い方を考える大きなヒントになります。

理不尽な上司との付き合い方

まずは相手のことをよく知ろう

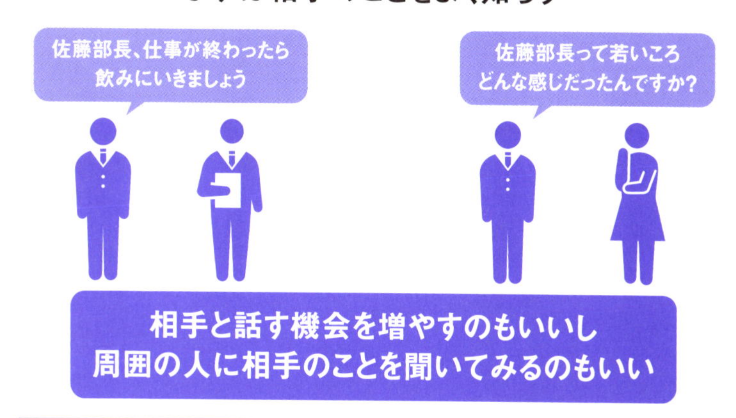

相手のことがわかれば、付き合い方が見えてくる

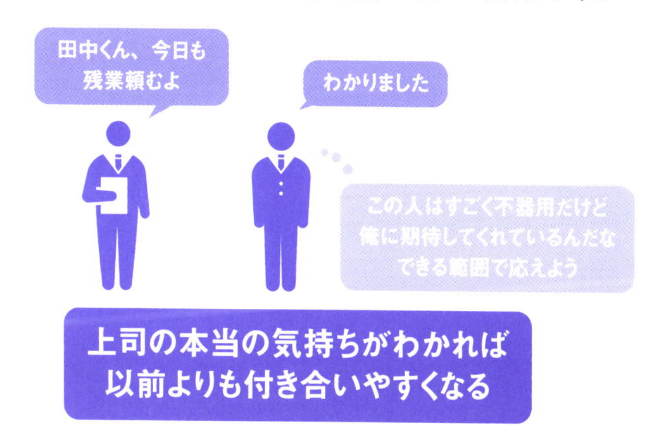

6-06

パソコンがウイルスに感染した！

ウイルス感染時の対応

▼落ち着いて迅速に対応しよう

パソコンがウイルスに感染したら、落ち着いて対応しましょう。まず、アンチウイルスソフトをアップデートし、次に、被害拡大を防ぐためにパソコンをネットワークから切断します。それからアンチウイルスソフトでスキャンを実行し、ウイルスを見つけて駆除します。駆除方法がわからない場合は、スマートフォンなどでアンチウイルスソフトのサポートページを確認しましょう。また、感染していたパソコンとネットワークでつながっていた端末はすでに感染している可能性があるので、アンチウイルスソフトでチェックします。

なお、社内にシステム管理者がいる場合は、感染したパソコンをネットワークから切断した段階で連絡し、その後は指示に従いましょう。

ウイルス感染の被害を拡大させないためには、ウイルス感染にいち早く気づくことが重要です。左ページのような兆候が表れたらウイルス感染の可能性があるので、アンチウイルスソフトでスキャンを実行しましょう。

ウイルス感染が疑われる挙動

おかしいなと思ったら、アンチウイルスソフトでチェック！

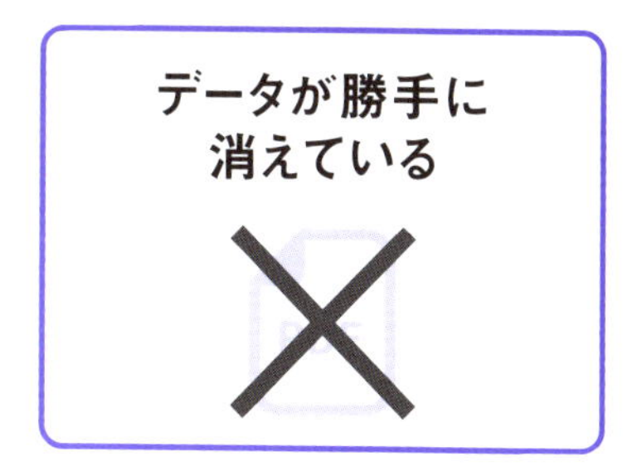

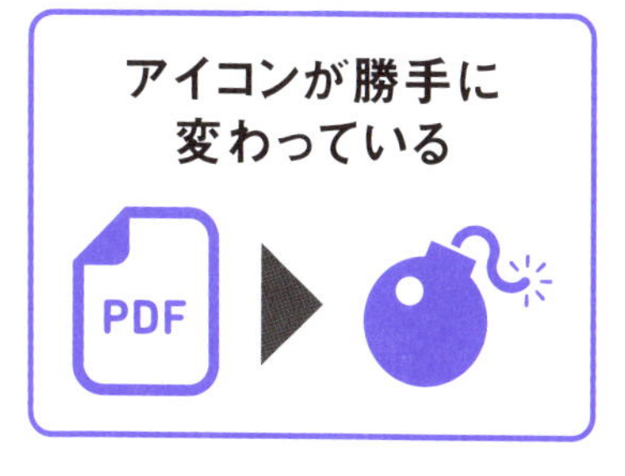

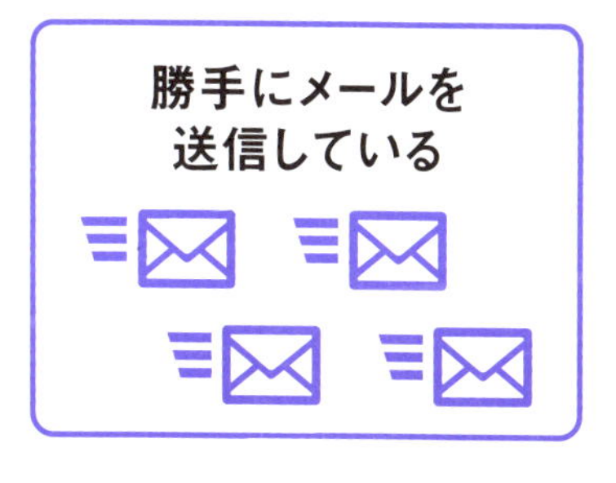

6-07

生意気な後輩が入社してきた!

生意気な後輩への接し方

▼叱らずに済ませられればベスト

新しく会社に入ってくる新人は、だいたい先輩を敬ってくれるものですが、なかには例外もいます。自分の能力に絶対的な自信を持っていて、先輩に対して敬意を払わず生意気な態度をとる、そんな後輩とうまく付き合うには、どうしたらいいでしょうか。

生意気な部下に対しては、有無をいわさず厳しく叱って、上下関係の大切さを教える、という人も多いかもしれませんが、必ずしもそれが得策とはいえません。このような部下は、厳しく叱られると、ますます反抗的な態度を強める可能性があります。それよりも、一度、相手の能力を認めてあげて、不満があれば聞き、信頼関係を築くことが大切です。その上で**先輩と後輩の上下関係を、説教によってではなく、仕事面の実力差によって教えましょう**。

先輩に自分の能力を認めてもらえれば、後輩も過剰に反抗的な態度をとって自分の能力をアピールする必要はなくなるので、少しはおとなしくなるでしょう。そして、仕事をするなかで、いずれ自分の経験不足を痛感し、自然と先輩を敬うようになるはずです。

反抗的な部下への対応

相手の能力を認めて、信頼関係を築く

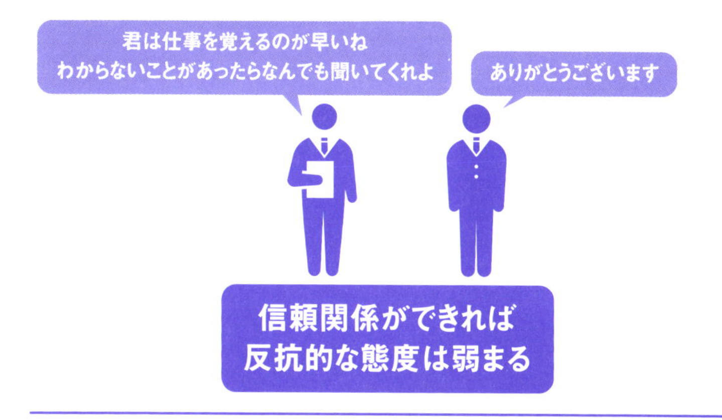

先輩後輩の上下関係は、仕事を通じて教えるのが理想

6-08

上司が恒例の自慢話をはじめた！

上手な話題の変え方

▼あいづちをうってそのまま他の人に振る

おしゃべり好きな上司は、比較的付き合いやすい相手といえますが、ときどき話を聞くのに疲れてしまうこともあります。特に困るのが、酔うと必ず同じ話をするタイプの上司です。「その話、何回めだよ！」と突っ込むこともできず、楽しい飲み会の雰囲気が少ししらけてしまいます。

それほど大きな問題ではないので、放置しておいてもいいかもしれませんが、上手に話題を変える方法があるので、上司の長話にうんざりしている人はぜひ試してみてください。上司が恒例の自慢話をはじめたら、しばらく話を聞いたあと、区切りのいいところで、「いい話ですね～」などと肯定のあいづちをうって、そのまま別の人に「もしもBさんが同じ立場だったらどうします？」と話を振るのです。**とりあえず会話の主導権を別の人に移してしまえば、上司の話は終わります**。このテクニックは会議中に特定の人ばかりが発言しているような状況でも応用できるので、覚えておいて損はないでしょう。

上司の自慢話を終わらせるには?

酔った上司がいつもの自慢話をはじめたら…

話を引き取って他の参加者に振る!

ある程度はしゃべらせる

話を早めに引き取ってしまうと、上司は話し足りず、またすぐに長話をはじめる。ある程度話を聞いて、話にひとつの区切りがついた瞬間、次の話がはじまる前に引き取るのが理想。

オチをいってしまうのも手

酔っ払うたびに同じ話を繰り返すタイプの上司なら、話の途中で「そうそう、それで○○したんですよね」とオチをいってしまうのも手。いかにも楽しそうな笑顔でいえば、失礼な感じにならない。

6-09

寝坊して、会社に遅刻しそう！

遅刻する場合の対応

▼どれくらい遅れるかを確認してすぐ連絡

寝坊して会社に遅刻するというのは、多くの人が経験したことがある失敗のひとつではないでしょうか。会社に遅刻する場合、まずやるべきことは会社への連絡です。どのくらい遅れるかを確認して、できれば始業時間の前に電話で連絡しましょう。始業時間をすぎても連絡がないと上司が心配しますし、会社に迷惑がかかります。

会社に連絡する際、遅刻の理由も伝えますが、下手な嘘はつかない方がいいでしょう。「通勤途中に急にお腹が痛くなって……」などといっても、たいていは嘘だと見破られますし、遅刻の理由が寝坊から体調不良にかわったところで大きな差はありません。

また、寝坊ではなく電車の遅延で遅刻した場合は、会社に連絡したあと、降車駅で遅延証明書をもらいましょう。

電車の遅延による遅刻は不可抗力であり、自分の責任ではありませんが、会社に連絡する際は謝罪の一言をいうのが礼儀です。

遅刻の連絡をするときの注意点

寝坊したら、急いで連絡するのがマナー

始業前に連絡する

始業時間になっても連絡がないと、業務に支障が出る。始業前に起きているなら急いで連絡しよう。出社時間を伝えるのはあとでもいい。

電話で連絡する

連絡は電話で行うのが基本。メールだと反省の気持ちが伝わらない。ただし電話がつながらない場合は、とりあえずメールでかまわない。

言い訳をしない

遅刻の言い訳をしても、自分にも会社にもプラスにならない。素直に謝って、遅れた分を挽回するべく仕事に取り組もう。

上司に直接伝える

上司に叱られるのがイヤだからといって、同僚や先輩に遅刻の連絡をするのはダメ。遅刻に限らずミスをしたら上司に報告するのがルール。

二度と遅刻しないように
再発防止策を考えることも忘れずに

6-10

相手の名前を忘れてしまった！

上手な名前の聞き出し方

▼相手の名前を確認するには？

昔、一緒に仕事をした相手と街でばったり会って、「久しぶりですね〜！」とあいさつしたはいいものの、相手の名前がどうしても思い出せない……というのは、だれもが身に覚えのあるシチュエーションではないでしょうか。

こんなときは、相手の名前を呼ばず、適当に会話を続けてなんとか乗り切る人も多いでしょうが、さりげなく相手の名前を確認する方法を知っていると助かります。よく知られているのは、**「お名前は何でしたっけ？」と聞いて、相手が苗字を答えたら、「いえ、苗字はもちろん知っているのですが、下の名前がなんだったかなと思って」などと返す方法です**。これなら名前を忘れてしまったことを相手に気づかれることはないでしょう。下の名前を聞くのが不自然でない関係なら、とてもいい方法といえます。

また、「そういえば名刺お渡ししましたっけ？　念のためお渡ししておきますね」といって、名刺交換を行うように誘導する方法も有効でしょう。

さりげなく相手の名前を確認する方法

下の名前を聞く

相手が苗字をいったあとに
「下の名前を聞いた」ということを明かす

名刺交換をするように誘導する

自分が名刺を差し出せば
相手も名刺をくれる可能性が高い

6-11

会議でだれも発言しない！

会議の盛り上げ方

▼論点を明確にして発言者を指名する

会議で、参加者がだれも積極的に発言せず、部屋中がどんよりとした雰囲気に包まれてしまうことがあります。自分が会議のリーダーだった場合、こういうときは積極的に動いて発言を促す努力をしましょう。静観していては会議リーダーの役割を果たせません。

まず行いたいのは、それまでの議論を整理して、論点を明確にすることです。現在の論点が参加者全員で共有できていないと有意義な意見は出てきません。議論を整理するときはホワイトボードを使うと効果的です。論点が明確になったら、だれかひとりを指名して意見を聞きましょう。そして相手が意見を述べたら、必ず肯定し、発言しやすい空気を作って次の人を指名する…というふうにすれば、少しずつ雰囲気が上向いていくはずです。

全員にカードを配って、無記名で意見を書いてもらう、というのもいい方法です。無記名だと、いいにくい意見も書きやすくなるので、参加者が何かに気を使って意見がいわなくなっている場合には特に有効です。

会議が停滞した場合の対処法

会議を盛り上げるのが会議リーダーの仕事

論点を明確にする

論点が漠然としていると、考えがまとまらなくなって、発言が減る。会議室にホワイトボードがある場合は積極的に使おう。

発言者を指名する

「なにか意見はありませんか?」と全員に問いかけるより、ひとりを指名した方が答えやすい。特定の人ばかりを指名しないように注意。

意見を否定しない

参加者の意見を否定すると、次の発言が出にくくなってしまう。どんな意見でも歓迎されるというムードを作ることが大事。

意見を無記名で書かせる

他の参加者に気を使っていたり、自分の意見に自信が持てなかったりする人がいる場合は、無記名でカードに意見を書かせるのが有効。

6-12

優秀な部下が退職願を持ってきた！

辞めようとしている部下への対応

▼決意が固ければ前向きな気持ちで送り出す

部下が退職を願い出てきたときは、上司にとって非常につらい瞬間です。その部下が優秀なら、会社としての損失も大きいだけになおさらショックは大きいでしょう。このような場合、上司としてどのように対応すべきでしょうか。

最初に確認しなければならないのは部下の本気度です。絶対に辞めると決意しているのか、それとも退職を考え直す余地があるのかを見極めなければ適切な対応はできません。もし、退職を考え直す余地があるなら、部下の不満を聞いて、解決するために手を尽くしましょう。親身になってできる限りのことをすれば、退職を考え直してくれる可能性は十分あります。

相手の決意が固い場合は、気持ちよく送り出すのがベストでしょう。気持ちを込めて本気で引きとめれば残ってくれる可能性はゼロではありませんが、無理をいって残ってもらっても、たいていの場合はいい結果になりません。

退職願を受け取ったときの対応

コラム

アイデアを考えるときに役立つ「オズボーンのチェックリスト」

いいアイデアというのは、ふとしたときにパッとひらめくこともありますが、長時間考えても全然ひらめかないこともあります。大事な会議があるのに、いいアイデアが浮かばない……というときにおすすめしたいのが「オズボーンのチェックリスト」です。

「オズボーンのチェックリスト」は、「転用」「応用」「拡大」「縮小」などの９つの視点からアイデアを考える方法です。簡単に利用できるので、アイデアをひねり出すためのひとつの方法として、ぜひ覚えておきましょう。

●オズボーンのチェックリスト

転用…新しい使い道はないか

応用…別のもののアイデアを利用できないか

変更…形、色、機能などを変えられないか

拡大…大きくできないか、何かを追加できないか

縮小…小さくできないか、何かを削れないか

代用…別のもので代用できないか

置換…入れ替えることはできないか

逆転…逆にすることはできないか

結合…何かと組み合わせることはできないか

第7章

他業種の相手に特に有効！一段階上のビジネスマナー

7-01 電話・メールはどう使い分ける？

電話とメールの使い分け

▼自分の都合だけで決めない

電話とメールは仕事相手との連絡手段として日常的に利用されていますが、この2つの連絡手段の使い分け方は、人によって、また、業界や会社によって大きく異なります。確実性を重視して簡単な用件でもなるべく電話で伝えるようにしている人もいれば、効率を重視してメールを使うようにしている人もいるでしょう。

電話とメールの使い分け方を考える上で大切なのは、相手にあわせるというスタンスを忘れないことです。簡単にいうと、相手がメールを多用する人ならこちらも重要な用件以外はメールで伝えるようにする、相手がしょっちゅう電話してくる人なら、簡単な用件でもできるだけ電話で伝えるようにする、というのがマナーのいい対応といえます。

「電話の方が確実で、細かいニュアンスも伝わる」「メールは相手の好きなときに読めて、送信記録も残る」といった連絡手段としての長所・短所だけでなく、相手がどちらを好むかも考えて、電話とメールを使い分けましょう。

連絡手段は相手にあわせて使い分ける

自分の考えだけで連絡手段を決めた場合

相手に時間をとらせないし
メールの方がいいだろう
田中くんはいつもメールだな
電話してくれた方が話が早いのに…
相手はストレスを感じていることがある

相手にあわせて電話・メールを使い分けた場合

あの人の場合は、簡単な用件でも
電話した方がいいだろう
田中くんとは気持ちよく
仕事ができるな
相手に余計な気を遣わせず、
スムーズに仕事を進められる

7-02

他業種の相手にも有効な雑談テクニック

雑談を盛り上げるには？

▼プライベートな話で盛り上がる

2章で解説した会話のマナーが身についていれば、仕事相手との会話で失敗することはないはずです。とはいえ、失敗とまではいかなくても、会話がいまいち盛り上がらないということはよくあるでしょう。特に業種の異なる相手とは、共通の話題が見つからず、あたりさわりのない会話をして時間をつぶす、ということになりがちです。

こういうときには、あえてプライベートな話をしてみるのが有効です。プライベートな話題は仕事相手の雑談では基本的には避けるべきとされています。しかし、家族や友だちの話くらいなら楽しく話してくれる人は多く、盛り上がりやすい話題でもあります。**プライベートの話をするときの注意点は、質問をしないことです**。質問をするとなれなれしくなりますし、相手が答えたくないことを聞いてしまう可能性があります。まず自分が家族や友だちの話をして、相手の反応をうかがいましょう。相手が乗ってきてくれれば、あたりさわりのない話題で時間をつぶすより、お互いにとってずっと意味のある雑談ができるでしょう。

プライベートな話をするときのポイント

7-03

オシャレに気を使うことも大切

かっこいい人の真似をする

▼第一印象をもっとよくするために

仕事の服装にオシャレは不要と考えている人は多いかもしれませんが、仕事の服装でも、オシャレであるにこしたことはありません。オシャレな人は、なんとなく仕事もできるように見えるものです。無難で清潔感のある格好、というのが身だしなみの基本ですが、これに「オシャレ」という要素が加わると、さらに第一印象がよくなります。もちろん、自分の印象をよくすることは会社の印象がよくなるということにもつながるでしょう。特にアパレル業界の人と会う場合などは、オシャレに気を使った方が好印象を与えられるはずです。

オシャレになるための一番簡単な方法は、自分と似た体型のオシャレな人を見つけて、その人の真似をすることです。ファッションセンスのいい同僚に、ネクタイ選びのコツなどを聞いてみるのもいいでしょう。注意したいのは、無難で清潔感のある格好という基本を忘れないことです。オシャレに力を入れすぎて派手な格好をしたりすると、「外見ばかり気にして中身がない」などと見られて、逆に評価が悪くなります。

さりげないオシャレで第一印象がよくなる!

かっこいい人を参考にしてファッションセンスを磨こう

先輩、そのシャツ素敵ですね どこで買ったんですか?
近所にいい店があるんだよ 今度一緒にいくか?

無難で清潔感のある格好に さりげないオシャレをプラスしよう

オシャレに力を入れすぎると逆効果

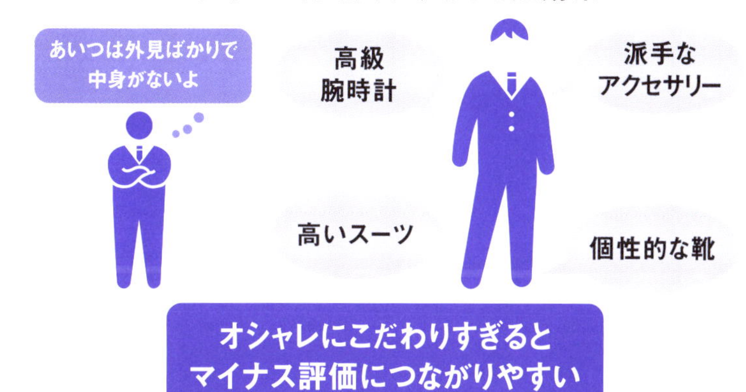

オシャレにこだわりすぎると マイナス評価につながりやすい

7-04

価値観の違う相手との付き合い方

相手の長所を取り入れる

▼他業種の人とうまく付き合うには?

他業種の人同士が一緒に仕事をすることは珍しくありませんが、難しいのは、価値観の大きく異なる相手と仕事をする場合です。たとえば、ＩＴ端末・サービスを仕事に積極的に活用する人と、ＩＴ端末・サービスの活用に批判的な人が一緒に仕事をする場合、さまざまな場面で意見の衝突が発生することは容易に想像できます。

価値観の違う相手とうまく付き合うコツは、相手の考え方にあわせる姿勢を持つことです。意見が食い違ったときは、どちらの意見がよりよい成果につながるかという視点だけでなく、お互いのアイデアを組み合わせてよりよいアイデアにすることはできないか、という視点でも考えてみましょう。

価値観が異なる相手というのは、自分の思いつかないアイデアを思いつく相手でもあります。お互いに全然違う視点で物事を見られるということは、よりよいアイデアを生み出すためにとても役立ちます。相手の意見の欠点ではなく長所に目を向けましょう。

価値観が大きく異なる相手との付き合い方

7-05

気が利く人はどんな会社でも重宝される

だれからも好かれる気配り

▼簡単な仕事を頼まれたときの心がけ

「この資料、コピーしておいて」という感じで、上司や先輩から簡単な頼みごとをされるというのはよくあるシチュエーションです。

だれにでもできるような簡単な仕事でも、気が利く人と気が利かない人では、取り組み方が異なります。コピーを頼まれた場合、必要な数だけきれいにコピーすれば、頼まれた仕事はきちんとできたことになります。しかし**気が利く人は、コピーした資料をクリアファイルに入れ、資料のタイトルと日付を書いた付箋をつけるとか、コピー用紙が少なくなっていたら補充するといったように、頼まれたこと以上の仕事をします**。こういう細かな気配りができる人は、業界や会社を問わずだれからも好かれますし、業務をスムーズに進めることができます。簡単な頼みごとをされたときは、「それくらい自分でやってよ」などと心のなかで文句をいいたくなることもありますが、なるべく前向きに、ついでになにかしてあげられないか、という気持ちで取り組むようにしましょう。

「ついでにこれもやってあげよう」の精神が大切

簡単な仕事を頼まれたときは、
他に何かできることがないか考えよう

コピー用紙が少ないから
ついでに補充しておくか

**気配りをする習慣が身につき
だれからも好かれる人になれる**

いつも頼まれたことしかやらないと…

**気配りをする習慣が身につかず
周囲の評価は高まらない**

7-06

フリーランスと付き合う際の注意点とは？

相手にあわせたビジネスマナー

▼基本に固執せず柔軟に対応する

さまざまな人と関わり合いながら仕事をするなかで、フリーランスの相手と仕事をする機会もあると思いますが、フリーランスの相手に対して、会社勤めの人と同じように接するとうまくいかない場合があるので注意が必要です。

フリーランスで働いている人は、自分だけのビジネススタイルを持っています。起床時間も勤務時間も人によって違いますし、同じ人でも日によって違うかもしれません。仕事や人付き合いに対する考え方もいろいろです。

フリーランスの人はとにかくさまざまなタイプがいるので、一緒に仕事をする場合は、相手の働き方や考え方をよく知った上で、柔軟に対応しないとうまくいきません。

たとえば、相手によっては昼より夜に連絡した方がいい場合もありますし、まったく逆の場合もあります。「こういうときはこうするのがマナー」という考え方にとらわれすぎないようにしましょう。

フリーランスと付き合う場合の注意点

一般的なビジネスマナーにこだわりすぎると失敗する

**相手の働き方や考え方を知らないと
うまく付き合うことができない**

相手にあわせて柔軟に対応するとうまくいく

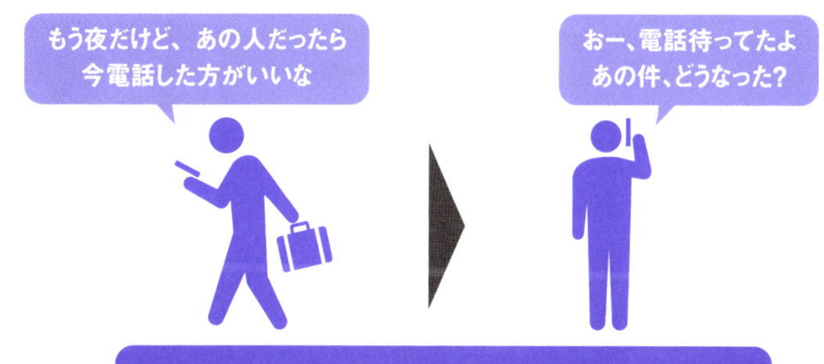

**相手の働き方や考え方をよく知ることで
上手な付き合い方がわかってくる**

7-07

叱ってくれる人を大事にしよう

厳しい言葉は成長のヒント

▼嫌味ではなくアドバイスと捉える

ビジネスマナーは、そのときの状況によって正解が変わることがあります。ある業界では正しいマナーが別の業界では誤ったマナーになったりする場合もあり、完璧なビジネスマナーを身につけるのは簡単なことではありません。特に経験が浅いうちは、いろんなことに気を配っているつもりでも、どこかに至らない部分があるものです。

そんな**自分では気づけないダメな部分を発見するのに役立つのは、顧客や目上の人からの厳しい言葉です**。知らず知らずのうちに配慮に欠けた行動をとったときに、顧客や目上の人がそれを指摘してくれれば、自分の至らない点に気づくことができます。

「お前のここがダメなんだ」と厳しいことをいわれるとイヤなものですし、そんな相手のことを避けたくなったりもするものですが、そういう相手こそ大事にすべきです。厳しい言葉を嫌味ではなく愛情ゆえのアドバイスと捉えて成長の糧にしていけば、どんな業界・会社でも通用する完璧なビジネスマナーが身につくはずです。

叱られた場合の対応

叱られたときは成長のチャンス!

前向きに捉える

「自分のダメなところに気づけてよかった」というふうに、なるべくポジティブに考える。落ち込んでいてもいいことは何もない。

真摯に受け止める

「自分は悪くないのに…」という気持ちがあると成長につながらない。自分の何が悪かったのかをしっかり理解することが重要。

再発防止策を考える

自分の何が悪かったのかがわかったら、叱られた内容をメモして忘れないようにするなど、同じ失敗を繰り返さないための方法を考える。

不明点があれば聞く

叱られた点を修正するためにわからないことがあればきちんと聞いておく。不明点を不明なままにしておくと、同じ失敗を繰り返すことになる。

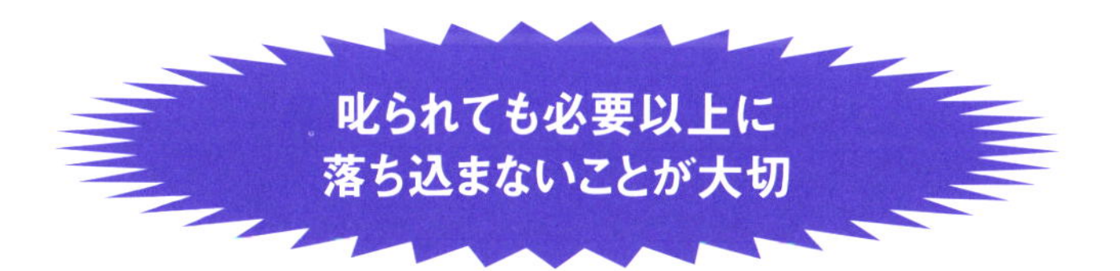

参考文献

『さすが！と言われる ビジネスマナー 完全版』（高橋書店）高橋書店編集部（編）
『図解 マナー以前の社会人常識』（講談社）岩下宣子（著）
『完全図解 仕事ができる！ 男のビジネスマナー』（学研プラス）日本サービスマナー協会（監修）
『お仕事のマナーとコツ』（学研プラス）西出博子（監修）伊藤美樹（絵）
『話し方のマナーとコツ』（学研プラス）杉山美奈子（監修）伊藤美樹（絵）
『ビジネスマナーの解剖図鑑』（エクスナレッジ）北條久美子（著）
『図解 社会人の基本 マナー大全』（講談社）岩下宣子（著）
『ゼロから教えて ビジネスマナー』（かんき出版）松本昌子（著）
『イラッとされない ビジネスマナー社会常識の正解』（サンクチュアリ出版）尾形圭子（監修）
『大人の気づかい＆マナーサクッとノート』（永岡書店）直井みずほ（監修）
『超一流のビジネスマンがやっているすごいマナー』（ぱる出版）西出ひろ子（著）
『ゼロから教えて 接客・接遇』（かんき出版）戸田久実（著）
『入社1年目の教科書』（ダイヤモンド社）岩瀬大輔（著）
『いちばん使える！ ビジネスマナーの基本とコツ』（高橋書店）西出ひろ子（著）
『ゼロから教えて 電話応対』（かんき出版）大部美知子（著）

『マンガでわかる！ 社会人1年生のビジネスマナー』（ダイヤモンド社）西出ひろ子（著）
『情報セキュリティ読本―IT時代の危機管理入門』（実教出版）情報処理推進機構（著）
『図解&事例で学ぶ課長・部長マネジメントの教科書』（マイナビ出版）野田稔（監修）シェルパ（著）
『図解&事例で学ぶ会議・打ち合わせの教科書』（マイナビ出版）会議・打ち合わせ研究会（著）
『図解&事例で学ぶリーダーシップの教科書』（マイナビ出版）ビジネス戦略研究所（著）
『しぐさのマナーとコツ』（学研プラス）井垣利英（監修）伊藤美樹（絵）
『敬語「そのまま使える」ハンドブック：できる人の「この言葉づかい」「この話し方」』（三笠書房）
鹿島しのぶ（編）
『しっかりとした敬語表現マナーですぐに書けるビジネス文書の書き方』（永岡書店）阿部紘久（著）
『誰も教えてくれなかったビジネスメールの書き方、送り方』（あさ出版）平野友朗（著）
『大人なら知っておきたいモノの言い方サクッとノート』（永岡書店）櫻井弘（監修）
『誰と会っても会話に困らない 雑談力サクッとノート』（永岡書店）櫻井弘（監修）
『ビジネスメール文章術』（ダイヤモンド社）中川路亜紀（著）
『史上最強のビジネスメール表現事典』（ナツメ社）ビジネス文書マナー研究会（著）
『やさしくわかる セマネの教科書』（日経BP社）左門至峰（著）
『マンガでわかる 仕事の敬語』（日経BP社）本郷陽二（著）瑛吉（作画）
『小さな会社のIT担当者のためのセキュリティの常識』（ソシム）那須慎二（著）
『あなたのセキュリティ対応間違っています』（日経BP社）辻伸弘（著）

索引

【英数字】

【あ〜な】

【は〜わ】

●著者
ビジネス戦略研究所
大企業のビジネスパーソンや様々なジャンルで活躍する経験豊富なフリーランサーが立ち上げた研究会。ビジネススキルやビジネス戦略の向上をテーマに、トップランナーへのヒアリングと文献研究を行い、成果につながるビジネス手法を日々研究している。

図解＆事例で学ぶ
新しいビジネスのルールとマナーの教科書

2017年2月25日　初版第1刷発行

著　者　ビジネス戦略研究所
発行者　滝口直樹
発行所　株式会社マイナビ出版
〒101-0003 東京都千代田区一ツ橋2-6-3 一ツ橋ビル2F
TEL 0480-38-6872（注文専用ダイヤル）
TEL 03-3556-2731（販売部）
TEL 03-3556-2733（編集部）
Email：pc-books@mynavi.jp
URL：http://book.mynavi.jp

装丁　市川さつき（ISSHIKI）
図解・DTP　富宗治
印刷・製本　図書印刷株式会社

ISBN978-4-8399-6212-8
Printed in Japan